NICKELMANN
ERLEBT BERLIN

NICKELMANN

Tami Oelfken

NICKELMANN ERLEBT BERLIN

Ein Großstadt-Roman
für Kinder und deren Freunde

Mit Fotomontagen von Fe Spemann
Herausgegeben und mit einem
Nachwort von Gina Weinkauff

HENTRICH & HENTRICH

Die Deutsche Nationalbibliothek verzeichnet diese Publikation in der Deutschen Nationalbibliografie; detaillierte Daten sind im Internet über https://portal.dnb.de/ abrufbar.

Erstausgabe: Müller & Kiepenheuer Verlag, Potsdam 1931
Neuausgabe mit freundlicher Genehmigung von
Heidewig Oelfken-Pickert und Wolf Spemann

Inh. Dr. Nora Pester
Haus des Buches
Gerichtsweg 28
04103 Leipzig
info@hentrichhentrich.de
http://www.hentrichhentrich.de

Umschlag: Gudrun Hommers
Gestaltung: Ulrike Vetter

1. Auflage 2020

Printed in the EU
ISBN 978-3-95565-393-4

„IHR FRAGT MICH,

ob es eine wahre Geschichte ist. Ja, es ist eine wahre Geschichte. [...] Nickelmann hat es wirklich gegeben. Ich brachte sie zum Bahnhof, als sie Deutschland verließ. Sie liebte Berlin und konnte sich nicht vorstellen, wie sie ohne Berlin weiter leben sollte. [...] Es könnte uns allen passieren, dass wir gefilmt werden, dass uns ein Einbrecher begegnet, dass wir auf einem Fest Glück haben und den Dackel gewinnen. Aber – es wird nicht jedem von uns vergönnt sein, so frei, so selbständig, so tapfer durch unsre Jugend zu steuern, wie es Nickelmann tat. Sie wird eine Art Heldin nur dadurch, dass sie uns Mut macht und Freude. [...] Sie ist einfach eins der vielen tapferen warmherzigen Mädchen, die ich gerne als Freundin gehabt hätte, als ich 12 Jahre alt war. Aber damals gab es Nickelmann noch nicht."

Tami Oelfken, ca. 1951

Nickelmann und Hulle haben sich fest vorgenommen,
immer dabei zu sein, wenn auf der Straße etwas los ist.
Dies ist ihr Standquartier.

INHALT

ERSTES KAPITEL
NICKELMANN

Nickelmann ist ein Mädchen. Sie wurde in der vorigen Woche am 15. Oktober zehn Jahre alt. Heute kann ich es euch ja ruhig verraten, ihr werdet gewiss keine Geschenke mehr hintragen. Zu spät schenken bedeutet Unglück, sagt Frau Mietke, die Portiersfrau. Außerdem würde euch auch Tante Susa gar nicht in die Wohnung lassen, sie kennt euch nicht. Und weil sie eine ganz schreckliche Angst vor Räubern, Dieben und Gesindel hat, passt sie genau auf die Haustür auf. Wenn es klingelt, schleicht sie leise mitten auf dem dicken dunkelblauen Läufer bis zur Tür. Dort schiebt sie behutsam ein rundes Brettchen zur Seite und schaut mit dem rechten Auge durch das Loch. Wenn weder ein Räuber noch ein Dieb noch Gesindel davorsteht, sondern der Herr Hausbesitzer oder Onkel Hans oder Frau Buschmann, dann geht Tante Susa erleichtert in die Küche und holt den Schlüssel. Damit öffnet sie das Sicherheitsschloss. Dann wird die Kette abgehakt – und dann kann der Gast eintreten.

Selbstverständlich kann Nickelmann nicht so lange warten, bis sich Tante Susa auf leisen Sohlen herangepirscht hat, um zu sehen, wer vor der sorgsam verbarrikadierten Tür steht. Denn Nickelmann bringt mit ihrer Freundin

Marianne und ihrem Freunde Stefan einen regen Verkehr in die Wohnung. Dieser Verkehr ist von dem praktischen Nickelmann über den hinteren Aufgang umgeleitet worden. Die hintere Tür mündet in die Küche. Wenn plötzlich in die Stille der Wohnung ein wütendes Donnern gegen die Tür schallt, so sind das Nickelmanns Fäuste draußen. Die Tante wirft sofort den Löffel in die Schublade oder den Deckel auf die Reisdose und stürzt ohne langes Besinnen an die Tür und schiebt den kleinen eisernen Riegel von innen zurück.

Sie weiß, es kann nur Nickelmann sein.

Nickelmanns Lebensgeschichte ist erst zehn Jahre lang. Ihren Vater hatte sie gar nicht gekannt. Er war gestorben, als Nickelmann noch gar nicht geboren war. Die Mutter hatte viele Fotos, und so wussten sie beide ganz genau, wie er ausgesehen hatte.

Vor vielen, vielen Jahren, als sie noch gar nicht in die Schule ging, spazierte sie täglich an der Hand der Mutter in die Anlagen am Rüdesheimer Platz. Die Mutter setzte sich auf die Bank „für Erwachsene“ und las, Nickelmann buddelte ganz in der Nähe auf einem gelben Sandhaufen. Sie hatte eine hölzerne Schippe und wühlte besonders gern einen Tunnel in den Sand. Dicht daneben im Schatten der alten Kastanien war eine riesige Kiste mit Sand, die Dienstmädchenkiste. Sie hatte keinen Deckel und vorne einen Eingang. Einmal kam Nickelmann mit der Mutter ganz spät mit der Untergrundbahn von Tante Kätes Geburtstag. Es war schon mitten in der Nacht, die Bäume hatten gerauscht und überall hatte es so geflüstert. Als sie mit der Mutter dicht an der Kiste vorbeiging, hatte sie ganz deutlich gesehen, wie Buschmanns Köchin daringesessen hatte, sicher hat sie dort geübt, wie man mit Sand spielt. Sie konnte schlecht spielen, weder mit Kindern noch mit Hunden. Am Tage hatte sie keine Zeit, da musste sie kochen. Ein fremder Joppenmann war bei ihr. „Was macht die Köchin in der Kiste?", hatte Nickelmann gefragt. Und die Mutter meinte: „Sie hat sich's dort gemütlich gemacht mit ihrem Mann."

Nickelmann buddelte schrecklich gern. Der Sand war ganz verschieden; wenn es geregnet hatte, konnte man kunstvolle Kuchen backen, Torten und Brötchen. Wenn es aber schon lange Zeit trocken war, war es am besten, Kaufmann zu spielen und immer die hellblauen Sandformen zu füllen mit lockerem Zucker und Mehl. Oft kamen fremde Frauen vorbei, blieben stehen und sagten laut: „Mein Gott, welch süßes Kind!" Manchmal sagten sie auch: „Himmlisch!" oder „reizend!" Die Mutter hatte das nicht gern. Sie sagte, die Leute könnten ja gar nicht wissen, ob Nickelmann ein himmlisches Kind sei. Sie kannten sie ja gar nicht. Sie sahen nur die hellen Locken und meinten dann, das ganze Kind sei himmlisch!

Leider hatte die Mutter später keine Zeit mehr mit ihr auf dem Platz zu sitzen. Sie ging jeden Tag auf das Arbeitsamt und verdiente das Brot für die ganze Familie. Wie das eigentlich vor sich ging, konnte Nickelmann lange Zeit nicht herauskriegen. Aber nach und nach merkte sie, das Arbeitsamt war ein Haus, dort arbeitete die Mutter und dafür gab es Geld jedes Mal, wenn ein neuer Monat anfing. Sie waren dann sehr vergnügt; die Mutter teilte das Geld in verschiedene Haufen, und Tante Susa kriegte das meiste. Sehr viel kriegte auch Herr Mietke für den Hausbesitzer, und den Rest behielt die Mutter.

Nickelmann nahm sich vor, später auch Geld zu verdienen, nicht so gern in einem großen Hause, sondern lieber auf einer Arbeitswiese oder im Walde. Sie würde dann mit ihrem Arbeitsamt vereinbaren, dass sie immer in der Mitte des Monats Geld kriegte, dann hatten sie zweimal vergnügte Tage.

Als sie sechs Jahre alt war, kam sie in die Schule. Zuerst hatte sie sich mächtig darauf gefreut, weil sie nämlich gedacht hatte, es wäre dort riesig interessant. Aber das war ein großer Irrtum gewesen! Sie durfte gar nicht fragen, was sie gerne wissen wollte, sondern musste warten, bis alles an die Reihe kam. Dann wusste sie es gewöhnlich schon. Auch schreiben, rechnen und erzählen, das ging schrecklich langsam. Nickelmann konnte zuerst gar nicht begreifen, weshalb alles so umständlich vorwärts ging; aber bald merkte sie, es war wegen der langsamen Kinder.

Als Nickelmann zuerst in die Schule ging, war gerade das Puppenwagenjahr; dann kam das Rollerjahr. Das war für Tante Susa ein Angstjahr gewesen. Das kam aber nur daher, weil die Tante durchaus nicht rollern konnte. Sie wollte es auch um keinen Preis der Welt in der Küche lernen. Sie konnte es nicht! Und was man nicht kann, sieht immer viel schwerer aus, als es ist. Auch viel gefährlicher!

Dann kam das Nebenstraßenjahr. Die Tante nannte das herumstrolchen und wollte es nicht erlauben, weil sie vom Balkon aus nicht um Ecken gucken konnte. Aber die Mutter wusste, dass jedes Jahr die Welt ein Stück größer wird.

Auf der Straße ist es wirklich interessant. Es passieren dort jeden Tag die seltsamsten Dinge und man wird klug nur vom Zugucken und Nachdenken. Aber leider passieren die wichtigsten Dinge in den Nebenstraßen, um die Ecke, dort, wo die Menschen schon viel kleiner werden. Nickelmann hatte sich nun fest vorgenommen, immer dabei zu sein, wenn irgendwo um die Ecke etwas los war, ihr Standquartier blieb aber der kleine Absatz vor der Haustür und dahin kehrte sie auch immer wieder zurück. Und ob etwas los war, konnte sie sofort an Herrn Mietke, dem Portier, merken. Wenn der in seinen braunkarierten Kamelhaarschuhen über die Straße ging, dann war etwas passiert. Frau Mietke wurde böse, wenn ihr Mann in Filzschuhen über die Straße ging. Sie meinte, die Menschen im Hause könnten daran zweifeln, dass unter seinem Bett zwei Paar geputzte Stiefel stünden. Sie sagte auch, es gehöre sich nicht für einen ordentlichen Portier. Gewöhnlich gehorchte er auch. Aber wenn wirklich etwas los war, gehorchte er durchaus nicht. Er pflegte ganz im Gegenteil laut und deutlich zu sagen, es täte ihm leid, dass er sie jemals geheiratet habe, und sie solle sich zum Teufel scheren. Das hörte Frau Mietke gar nicht gern, und sie ging dann jedes Mal rasch ins Haus. Er aber latschte über die Straße ohne sich auch nur einmal umzusehen.

Nickelmann sah Herrn Mietke oben vom Balkon aus, das war für sie das Signal! Sie stürzte sich durch die weit offene Küchentür, rutsch, ratsch, ritsch viermal vierzehn Stufen hinunter, damit ihr ja nichts entging. Sie setzte Herrn Mietke nach: Am Obstgeschäft war ein Korb mit Äpfeln ins Trudeln gekommen oder der Schupo hatte einen kleinen Jungen am Brunnen erwischt und schüttelte ihn am Rockkragen, weil er das Bassin verunreinigt hatte, oder es waren fremde Hunde im Vorgarten. Einmal hatte sogar ein alter betrunkener Mann im Blumenbeet gelegen und die Polizei hat ihn dann auf die Wache geschleppt. Das war interessant! Und einmal – die herrlichste von allen Straßengeschichten – hatte Buschmanns Senta das Fleisch aufgefressen, das sie so brav vorher vom Schlächter geholt hatte.

Kein Wunder, dass Nickelmann keinen Ort der Welt so liebte wie die Nebenstraßen.

ZWEITES KAPITEL

DAS HUNDEABENTEUER

Die Straße, in der Nickelmann aufwuchs, war herrlich. Sie war eine der gepflegtesten und modernsten Straßen von ganz Berlin mit freien Rasenflächen schräg abwärts von jedem Hause bis zum Fußweg. Unten auf dem Rasen waren als Abschluss Blumenbeete. Solange sich Nickelmann erinnern konnte, fing es jeden Frühling mit Krokus und Tulpen an und hörte immer im Herbst mit rosa verblichenen kleinen Astern auf. Dafür sorgte ein Gärtner, und Wilmersdorf bezahlte alles. Wilmersdorf wieder kriegte das Geld von allen Menschen, die hier wohnten. Das nannten sie Steuern.

Die Straße ist auch wundervoll breit. So kannst du zum Beispiel nicht erkennen, was Onkel Hans drüben auf dem andern Balkon frühstückt. Als Nickelmann noch kleiner war, spielten sie beide von Balkon zu Balkon das Frühstücksspiel. Sie machten sich Zeichen in der Luft: eine Wurst, ein Ei, ein Stück Käse! Ein Stück Käse war besonders ulkig, Onkel Hans hielt sich einfach die Nase zu.

In diesem Jahr spielten sie viel seltener; Nickelmann ging so früh in die Schule, dann lagen die meisten Erwachsenen noch im Bett. Ganz bestimmt Onkel Hans, der sagte, im Bett sei es am gesündesten. Er hatte keinen schweren

Beruf; er saß bei seiner alten Mutter, schrieb Gedichte und Liebesgeschichten, und dafür kriegte er Geld. Die wurden gedruckt in den Zeitungen.

Auf dem Balkon trug Onkel Hans eine braune Samtjacke, manchmal auch einen dunkellila seidenen Schlafrock, den hatte er sich aus China mitgebracht. Auf der Straße sah er aber gerade so aus wie alle anderen Männer. Er duftete nach Rauch und fasste Nickelmann mit seinem grauen Zwirnhandschuh unter das Kinn. Das hatte sie durchaus nicht so gern wie er. Und sie hätte ihn sicherlich schon längst vergessen, wenn er nicht der Herr von Hulle gewesen wäre.

Hulle war ein ausgewachsener ungarischer Hirtenhund. Er war nicht getauft, sondern in dem Hunderegister eingetragen, was für einen Hund so viel bedeutet als: Er ist von hoher Geburt. Sein Fell bestand aus lauter goldbraunen Locken, es fasste sich ganz seidig an. Über die Pfoten hing ein seidiger Lockenpuschel, der sich bei jedem Schritt auf der Erde ausbreitete.

Mit Hulle zusammen hatte Nickelmann die schwierigen Straßengesetze kennengelernt. In dieser Gegend war sehr viel verboten und sehr wenig erlaubt. Für Hunde waren andere Dinge verboten als für Menschen; für große Menschen andere Dinge als für Kinder. Es gab sogar besondere Bänke für Erwachsene, da mussten die kleinen Kinder sicher auf dem Weg stehenbleiben, und wenn ihre Beine müde waren, mussten sie auf eine andere Bank gesetzt werden, weit weg von der Mutter. Dann würden sie höchstwahrscheinlich schreien, und das war in den Anlagen auch verboten. Alles musste man genau auseinanderhalten, sonst kam der Joppenmann und kniff einen in die Backen. Das tat er natürlich nur, wenn die Mutter nicht dabei war, denn es war für alle Joppenmänner streng verboten, fremde Kinder in die Backen zu kneifen.

Es gab hier in der Gegend zwei Joppenmänner, der eine war kurz und dick, hatte eine knollige, rote Nase und über seinen Augen ein dichtes Gestrüpp von buschigen Haaren. Er hieß Herr Babs und Herr Babs kannte Herrn Mietke. Herr Mietke hatte ihm auch gesagt, dass sie Nickelmann von Nummer drei hoch vier sei.

Der zweite Joppenmann, der in die Backen fremder Kinder kniff, war Herr Kolleje. Wenn Herr Kolleje kam, gingen Nickelmann, Marianne, Stefan und alle Puppenwagen in die Nebenstraße. Das war nicht sein Revier.

Heute hatte Herr Babs Dienst; er harkte die heruntergefallenen Herbstblätter zusammen und fuhr sie auf einer Karre hinten ins Gebüsch. Man hätte auf diesem Haufen herrlich spielen können, Betten machen wie die Wilden aus raschelndem Laub, aber es war verboten. Es wurde Kompost für nächstes Jahr. Der Haufen gehörte nicht den Kindern, auch nicht Herrn Babs, der Haufen gehörte Wilmersdorf. Aber wenn die Hunde dran schnüffelten, wühlten und Mäuse suchten, das war nicht schlimm, weil Herr Babs darüber keine Gesetze hatte.

Nickelmann hätte Herrn Babs sehr gerne geholfen, aber leider war das auch nicht erlaubt. Selbst Herrn Babs tat das leid. Sie blieb bei ihm, um sich ein wenig mit ihm zu unterhalten. Jetzt am Mittag schien die Herbstsonne noch warm und Nickelmanns Lieblingsbaum, die Kastanie, hatte noch tausend goldene Hände oben und tausend goldene Hände lagen schon rund und die Kastanie auf dem Rasen. Es sah aus, als hätte sie einfach ihre Kleider herunterfallen lassen. Die Winterastern auf den schmalen Beeten hatten lila goldene Farbe, sie sahen ganz künstlich wie verschossene Seide aus. An den größten Büschen blieb Hulle stehen und hob ein Bein. Das war sein Signal für Buschmanns Senta, dass er dagewesen wäre. Senta war die Frau von Hulle. Aber leider ging die Frau nur nachmittags um fünf mit der Köchin aus. Dabei war sie an der Leine, und so viel sie auch zerrte, so merkte die dumme Köchin doch nie, was Senta eigentlich riechen wolle. Es hatte auch gar keinen Sinn, es ihr zu erklären, sie hielt eine dicke rote Hand vor den Mund, lachte albern und verstand doch nichts.

Deshalb hatte sich Nickelmann heute vorgenommen, so lange unten zu bleiben, bis Buschmanns Köchin mit der Senta käme. Die armen Hunde mussten schon sehr lange an der Leine geführt werden. Es war Hundesperre. Ein Hund am Kurfürstendamm hatte die Tollwut gekriegt und hatte in seiner Wut einen kleinen Jungen gebissen. Alle Menschen waren darüber sehr aufgeregt gewesen und in der B. Z. hatte gestanden, er hätte die Tollwut aus Ungarn mitgebracht. Hulle hatte einen ledernen Maulkorb um die Schnauze, und er versuchte vergeblich, ihn mit den Pfoten abzustreifen.

Nickelmann wartete also auf die Ankunft der Köchin. Sicherlich wäre ihr die Zeit genau so langsam dahingeschlichen wie dem armen Hulle, wenn nicht Marianne des Weges gekommen wäre. Sie trug die Notenmappe in der Hand und war vor Zorn über die Klavierlehrerin ganz außer sich. Nickelmann dankte ihrem Schöpfer, dass sie so rettungslos unmusikalisch war, dass Klavierunterricht weggeworfenes Geld gewesen wäre. So meinte Tante Susa. Aber Marianne und Stefan hatten zweimal in der Woche Musikunterricht und beide mussten jeden Tag eine Stunde üben. Wenn sie sich die Mühe machten und einmal nachrechneten, wie viele

Zeit sie so verschwendeten, dann wurden alle drei ganz unglücklich.

Mit einem Male zerrte Hulle an der Leine, und richtig am Ende der Straße tauchte Buschmanns Köchin mit Senta an der Leine auf. Nickelmann konnte den aufgeregten Hulle kaum festhalten.

Die Köchin ging erst zur Ecke des Platzes, zum Bäcker. Es war verboten, Hunde mit in den Bäckerladen zu nehmen. Die Köchin sah sich misstrauisch nach allen Seiten um, dann wurde Senta mit der Leine am Zaun festgemacht. Marianne und Nickelmann kniffen sich vor Freude in die Arme, eine bessere Gelegenheit, Senta zu besuchen, konnte man sich nicht ausdenken. Kaum war die Köchin in der Tür von der Bäckerei verschwunden, da jagten die beiden mit Hulle den Kiesweg entlang bis zum Zaun.

Die beiden glücklichen Hunde berochen sich überall, am Bauche, unter dem Schwanz, hinter den Ohren, ihre Schwänze wackelten aufgeregt. Sie standen voreinander hoch auf den Hinterbeinen, sie umarmten sich. Sie guckten sich strahlend an, Nickelmann hielt die Leine so lang und locker es nur eben ging, damit Hulle sich möglichst frei bewegen konnte. Marianne behielt die Tür vom Bäckerladen im Auge. Die Hunde gaben kurze, erfreute Knurrlaute von sich, was übersetzt in die Menschensprache so viel bedeutet als: Oh, wie gut! Oh, wie gut!

In diesem Augenblick öffnet sich die Tür vom Bäckerladen und die scheußliche Köchin kam zum Vorschein. Im Arm hielt sie eine große weiße Tüte mit den Vesperbrötchen für Buschmanns. Auf der Hand balancierte sie vorsichtig ein eingehülltes Papptablett mit Kuchen. Das war für Frau Buschmanns Bridgedamen; denn heute war Donnerstag.

Wie plötzlich dann das herrliche Unglück passiert war, das konnte später keiner mehr genau sagen. Die Köchin drehte sich ein paarmal um sich selbst, wobei sie von Sentas Leine eng umwickelt wurde! Das sah furchtbar komisch aus! Die Brötchentüte platzte, die Brötchen rollten dem verblüfften Hulle dicht vor die Nase. Trotz seines Maulkorbes schnappte er eifrig danach, aber ohne Erfolg. Und dann sauste plötzlich in einem schrägen Bogen auch noch das Kuchentablett hinterher. Die zu kurz gehaltene Senta war wütend an der Köchin hochgesprungen, die ließ vor Schreck die Leine fahren, und beide Hunde sausten befreit in langen Sätzen über den Rasen und schleiften die Leinen hinter sich her.

Sie sprangen toll vor Freude auf- und umeinander, hüpften und umarmten sich. Nickelmann schrie: Hulle! Hulle! Und die Köchin jammerte kläglich: Senta, Senta! Aber die Hunde kümmerten sich kein bisschen darum.

Es war unbeschreiblich herrlich!

Gott sei Dank hatte Herr Babs gerade Dienst. Er sprengte die Wege mit einem langen Gummischlauch und richtete jetzt einen vollen Strahl auf die beiden Helden. Die schüttelten sich und ließen voneinander ab. Hulle kam mit einem Sprung zu Nickelmann, Senta trottete zur Köchin. Die hatte sich von ihrem Schreck soweit erholt und fing jetzt an, ganz wüst auf den Nickelmann zu schimpfen. Aber Herr Babs sagte, sie solle das Schimpfen sein lassen. Sie solle den Dreck aufheben, den sie auf den Weg geworfen hätte. Damit meinte er den Kuchen. Die Köchin schrie vor Wut, sie könne den Dreck auch nicht mehr gebrauchen, und sie müsse von ihrem Geld alles wieder bezahlen. Herr Babs sagte aber streng, es sei verboten, Abfälle und so ein Zeugs in die Anlagen zu

„Sentaaaa!" – ruft Buschmanns Köchin jeden Tag, bevor sie in die Bäckerei geht, Brötchen zu holen. Sie hat Angst vor neuen Hundeabenteuern.

werfen, und sie müsse alles wieder aufheben. Dabei zeigte er auf ein weißes Schild, das stand zwischen den Herbstblumen:

Bürger schützt eure Anlagen!

Die Köchin las das langsam, dann bückte sie sich, um den Weg wieder sauber zu machen. Marianne und Nickelmann haben rasch geholfen. Es war alles zermanscht und zertreten. Man sah, es war Pflaumenkuchen gewesen. Aber kein Mensch hätte ihn mehr essen können. Herr Bahs zeigte ihnen den eisernen Korb am Rande des Weges. Da haben sie alles hineingetan.

Hulle war ganz still, er zitterte ein wenig, er hatte von dem kalten Guss das meiste abgekriegt.

DRITTES KAPITEL

ACHTUNG! LOS! RAUBT DAS KIND!

Herr Mietke, Nickelmann und Hulle standen vor der Tür und guckten die Straße entlang. Nickelmann hatte den alten Wintermantel an, den mit den herausgewachsenen Ärmeln, und auf dem Kopf trug sie jene Mütze, über die sich Stefan schon einmal totlachen wollte. Sie hatte es sehr eilig gehabt, denn Herr Mietke stand bei diesem scheußlichen Regenwetter mitten auf der Fahrstraße in seinen braunkarierten Filzschuhen. Er hielt die Hände tief in den Hosentaschen vergraben, die Mütze hatte er aber hinten in den Nacken geschoben, damit er besser gucken konnte. Er sah aufmerksam die Straße hinunter. Als Nickelmann unten angelangt war, stellte sie sich daneben und guckte auch. Zwischen ihnen stand schwanzwedelnd Hulle.

„Da kommt er wieder“, sagte Herr Mietke befriedigt. Und da kam erst ein Auto mit fünf Personen langsam durch die leere Straße gefahren; es war blank und schwarz. Dahinter kam ein zweites Auto, das hatte drinnen einen riesigen Kurbelapparat, und daneben standen im Wagen zwei Männer. Vorn saß der Schofför. Der fuhr ganz langsam und hörte dabei immer genau auf die Befehle, die ihm vom vorderen Auto gegeben wurden.

„Hallo, Jonny“, rief der dicke Mann mit der Brille. „Halt!“ und beide Wagen, o unfassbares Glück, hielten dicht vor Nickelmanns und Herrn Mietkes Nasen. Der dicke Mann kletterte aus dem ersten Wagen heraus, machte seinen Mantel ordentlich zu und guckte nach seiner Uhr. Dann beobachtete er die Straßenecke nach dem Platz zu. Es war noch keine Minute vergangen, da kam ein seltsames Fuhrwerk wie auf Befehl daher gezuckelt. Nickelmann riss die Augen auf. Wenn das nur nicht einer ihrer seltsamen Mittagsträume war! Solch einen komischen Wagen gab es doch nur im englischen Bilderbuch. Er hatte zwei ganz hohe schmale Räder und oben drauf war ein glänzender gelber Kasten für zwei Personen. Vor dem Wagen lief ein schönes, junges, dunkelbraunes Pferd, das sehr neues beschlagenes Geschirr trug. Jetzt stand das seltsame Fuhrwerk bei den Autos und wieder schienen sie auf etwas zu warten. Der Mann stieg herunter, er hatte in den Händen ein dickes Paket, eingewickelt in braunes Packpapier.

Inzwischen fing es an noch viel heftiger zu regnen; darüber freute sich der Dicke, rieb sich die Hände und sah zum Himmel, als ob er ganz glücklich wäre. Sie schüttelten dem Neuangekommenen die Hände und sagten, das Wetter sei herrlich, und es gäbe einen großartigen Kinderraub. Aber sie müssten noch eine Weile warten, die Fifi fehle noch. Sie borge bei Bekannten den nötigen Kinderwagen.

Da kam eilig über den Platz die erwartete Fifi mit dem Kinderwagen. Es nützte Frau Mietke nichts, gellend nach ihrem Mann zu rufen, er solle doch um Himmels willen seine Stiefel anziehen, denn der Regen schüttete nur so vom Himmel. Herr Mietke antwortete nicht einmal. Nickelmanns Tante wusste gar nicht, dass Nickelmann auf der Straße war, sie kochte deshalb ahnungslos den ersten Grünkohl des Jahres.

Fifi wischte mit dem Taschentuch wenigstens den Griff vom Kinderwagen trocken; dann wickelte sie unter dem Gelächter der Männer eine riesige Babypuppe aus dem Packpapier und legte sie in den Kinderwagen. Fifi war eine nette alte Frau mit Regenmantel und Kopftuch. Sie fing an, den Wagen in der angegebenen Richtung durch den Regen zu schieben. Die Männer ermunterten sie dabei mit komischen Reden. Kaum hatte sie sich durch den strömenden Regen drei Häuser weit entfernt, als auf ein Kommando des Dicken sich der englische Wagen in Bewegung setzte. Der Mann fuhr aber erst ans Ende der Straße, damit er genug Schwung kriegte. Oben drehte er, und kam dann in wildem Galopp die Straße heruntergerast, holte die hastig um sich schauende Fifi ein, sprang mit Lebensgefahr vom Karren. Er hielt sich einen Arm vor das Gesicht und den andern streckte er in den Kinderwagen, aus dem er das Baby raubte.

Fifi schrie entsetzlich und rannte mit ausgereckten Armen und verzweifeltem Gesicht hinter dem Räuber des Kindes her. Der schwang sich wieder auf den Wagen und sauste wie der Teufel davon. Er kam dann im großen Bogen von der anderen Seite der Straße wieder angefahren. Die Puppe lag am Boden und ihre nackten Beine zeigten in die Luft.

Nun standen alle wieder neben Herrn Mietke, sie zündeten sich hinter den vorgehaltenen Mänteln Zigaretten an und schüttelten sich wie nasse Katzen. Der dicke Herr mit der Brille tat einen tiefen Zug aus seiner Zigarette, dann sagte er: „Vorwärts, Jungens!“

Dabei fiel sein Blick zufällig auf Nickelmann, die arg verregnet, aber in glühender Begeisterung mitten zwischen ihnen stand.

„Willst du mitspielen?“, fragte er sie.

Und ob Nickelmann wollte! Sie sah an sich herunter, leider hatte sie heute den allerältesten Mantel an, aber für solche Dinge war natürlich keine Zeit.

„Was muss ich tun?“, fragte sie begierig.

„Du fasst dich bei der Fifi an den Wagen und läufst mit. Wenn das Kind geraubt wird, fängst du schrecklich an zu schreien! Kannst du das?“

Ja, das konnte Nickelmann fest versichern.

Da ging im strömenden Regen die Geschichte noch einmal los, nur dass diesmal Nickelmann seitwärts am Wagen ging und ihrerseits mit zum Himmel gerungenen Händen in das Wehgeheul der Fifi einstimmte. Dann fuhren sie mit dem leeren Kinderwagen zu den wartenden Herren zurück.

Der Mann mit der Brille war am nettesten. Er sagte, sie sei eben das älteste Kind eines Grafen gewesen, dies hier sei der Graf, ihr Vater. Nickelmann gab ihm die Hand, und der Graf sagte, sie könne sich für ihre Mitwirkung etwas Herrliches wünschen. Sie solle ja nicht zu bescheiden sein. Der Mann mit der Brille müsse alles bezahlen. Sie solle es sich aber sofort kaufen lassen, denn der Dicke täte alle Menschen um den wohlverdienten Lohn betrügen. Darüber lachten alle sehr und der Mann mit der Brille meinte, der Graf wolle sich nur rächen für das untergeschobene Kind. Dabei lachten sie wieder alle ganz gewaltig, auch Herr Mietke war schrecklich vergnügt.

Nickelmann mochte den Grafenvater nicht so besonders gerne. Als sie merkte, dass es mit dem Geschenk ernst war, fiel ihr gar nichts ein. Sie fragte deshalb den Mann mit der Brille, ob sie es nicht später sagen könne, sie müsse sich länger darauf besinnen, sonst würde sie sich etwas auswählen und nachher täte es ihr leid. Das konnte nun der Mann sehr gut begreifen und sagte: Hier ist eine Karte mit meinem Namen und der Telefonnummer und wenn du mich anrufst, sagst du, das Grafenkind vom 15. November sei da.

Es war eine schöne saubere Karte, und Nickelmann verwahrte sie in der Manteltasche, damit sie vom Regen nicht nass wurde.

Jetzt drehte sich der Mann wieder zu den andern und sagte: „Wisst ihr, es regnet so fein, wir drehen noch die Szene, wo Harry ihm das Kind abjagt! Fifi kann gehen, die ist nass genug!"

„Danke, Herr Direktor", lachte Fifi und brachte den geliehenen Kinderwagen wieder fort.

Nach einer kurzen Besprechung, von der Nickelmann nichts verstand, klappte der Direktor in die Hände und der hochrädrige Wagen setzte sich in Bewegung. Dicht daneben fuhr immer das Auto mit dem Kurbelkasten. In dem englischen Wagen saß der Graf und spielte mit der Puppe. Er wickelte sie ein und lächelte sie an, als wäre sie wirklich ein Kind. Plötzlich kam der Feind, sprang hinten auf den Wagen und riss ihm das Kind weg. Darüber mussten alle so schrecklich lachen, dass auch die Männer auf dem Wagen nicht mehr ernst bleiben konnten. Da wurde der Mann mit der Brille so böse, dass er auf einer kleinen Pfeife schrill pfiff, damit die Operateure nicht weiterdrehten. Dann schalt er über ihre albernen Späße, die sein Geld kosteten. Und dann mussten sie genau wie in der Schule das Ganze noch einmal machen. Da ging es besser. Nur ganz zum Schluss fiel

Der erste Grünkohl ist längst fertig.
Tante Susa lauscht, ob Nickelmann noch
nicht aus der Schule kommt. Wenn die wüsste ...

ihnen die Puppe in den Schmutz, weil jeder geglaubt hatte, der andere hielte sie fest. Sie beschimpften sich noch eine ganze Zeit: Rabenvater und Kindsmörder; aber es war nicht ernst.

Die Babypuppe triefte vor Schmutz. Sie gingen deshalb alle zusammen zu Herrn Bahs. Der drehte den Hydranten auf und Harry wusch das Grafenkind wieder ab. Da konnte man deutlich sehen, welch prächtige große Zelluloidpuppe dieses Baby war. Es war genau so groß wie ein richtiges Baby mit krummen Beinen. Als es ganz sauber gewaschen war, trocknete der Graf es mit seinem Mantel ab und gab es dem Direktor. Der fasste es bei den Beinen an wie einen Blumenstrauß und überreichte es Nickelmann mit den Worten: „Hier hast du deinen kleinen Bruder, sorge gut für ihn!"

Nickelmann strahlte, steckte das Baby unter den Mantel, so dass es aussah, als hätte sie einen riesigen Bauch, gab zum Abschied allen die Hand und sauste nach Hause.

Das ist die Geschichte, wie Nickelmann zum ersten Mal gefilmt hat. Das war nur möglich gewesen, weil am 15. November in der Schule die Dampfheizung kaputt war, und alle Kinder aus der Schule nach Hause gehen konnten.

Es ist ganz klar, dass von diesem Tage an Nickelmann geneigt war zu glauben, dass die interessanten Dinge nicht in der Schule vorkamen. Und dass sie durch zu reichlichen Schulbesuch viele Dinge verpassen würde, die weit wichtiger waren als alles, was je in der Schule passieren konnte, hatte sie an diesem Regentag am eigenen Leibe erfahren.

VIERTES KAPITEL

DIE SEXTA UNTER DEM ADVENTSKRANZ

Fräulein Franke war Ordinaria der Sexta. Sie meinte es wirklich gut mit den Kindern. Sie erzählte ihnen als Belohnung für fleißiges Arbeiten aus ihrer „Jungmädchenzeit", da war sie mit Rucksack und Klampfe durch das deutsche Vaterland gezogen und hatte viel erlebt. Jetzt hing die Klampfe buntbebändert an der Wand in ihrem Biedermeierstübchen und nur selten ging sie im Frühling mit einigen Auserwählten in die Natur. Dann nahmen sie die Klampfe mit und unter schönen dicken Bäumen pflegten sie dann zu lagern, und Fräulein Franke sang ihnen seltsame alte Weisen vor, die sie auf der Klampfe begleitete. Einige Lieder kannte auch die ganze Klasse, und sie hatten alle viel Freude dran, in der Schule etwas Besonderes zu haben.

Zu den Auserwählten gehörten weder Nickelmann noch Marianne.

Das zweite Mal hörten sie Fräulein Franke zur Adventszeit singen. Dann brachte sie die Klampfe mit in den Unterricht und sang ihnen alte fromme Kirchenweisen oder Marienlieder vor. Dazu hatte sie dann ein dunkelblaues, ganz einfaches Tuchkleid an, und vorne trug sie einen goldenen Stern. Alle Sextanerinnen waren begeistert von ihr.

Natürlich gab es Unterschiede im Grad der Begeisterung; Natalie war selbstverständlich die hitzigste. Erstens mal war sie seit Anfang des Schuljahres die Schwächste in der Klasse, und Fräulein Franke pflegte es allen Schülerinnen nahezulegen, ihr zu helfen. Sie nannte das kameradschaftliche Ehrenpflicht. Nickelmann war sicher am wenigsten begeistert, erstens hatte sie eine so herrliche Mutter, dass mit ihr kein Mensch konkurrieren konnte. Und wenn sie auch die Mutter so selten sah, so bestand doch bei ihr kein Zweifel, dass, mit der Mutter verglichen, Fräulein Franke eben doch nur dumm und klein war. Vor allen Dingen hatte Nickelmann auszusetzen, dass Fräulein Franke zu viel sprach. Einmal im Sommer hatten sie einen Ausflug gemacht und hatten alle am Waldesrande gelegen. Das wäre sicher sehr schön gewesen und gewiss hätten sie Hasen gesehen und vielleicht sogar ein Reh, denn der Ort hieß Wildpark. Aber Fräulein Franke hatte immer los mit den Auserwählten herumgeneckt, da war natürlich kein Tier gekommen. Zum Schluss hatte sie gesagt, sie nähme es durchaus nicht übel, wenn einem Kind dieses oder jenes nicht gefiele. Sie dürften es ihr ruhig sagen. Da hatte Nickelmann ihr ruhig gesagt, sie spräche zu viel. Und seitdem gehörte Nickelmann nicht mehr zu den Auserwählten.

Marianne war Nickelmanns Freundin, also gehörte Marianne auch nicht mehr dazu.

Heute hatte Fräulein Franke sehr gute Stimmung. Sie hatte die Hefte unter dem Arm und Natalie, die sie abgeholt hatte, trug stolz die Klampfe in einem grauen Sack mit roter Stickerei. In der Sexta hing genau in der Mitte um den Beleuchtungskörper ein riesiger Adventskranz. Es war in der Schule überliefertes Recht, dass immer ein Wettbewerb zwischen der jeweiligen Quinta und der Sexta herrschte, die Sexta als erstes Jahr Gymnasium gegen die sich schon heimisch fühlenden Quintanerinnen. An jeder Klassentür war ein Spion aufgestellt, der eifersüchtig darüber wachen musste, dass erstens nicht die Augen der Feinde ihren Kranz erspähen und gar behaupten würden, der seinige sei größer, schöner und bunter.

Fräulein Franke ging ins Lehrerzimmer, Natalie ging in die Klasse, mit Hochachtung begrüßt, da sie die Klampfe brachte. An der Tür stand Marianne. Sie beschimpfte sich mit der Quinta in einem kleinen Geplänkel. Es war kaum dreiviertel acht, also noch reichlich Zeit, miteinander herumzustreiten. Die dreißig Sextanerinnen waren noch ziemlich friedlich. Das kam daher, weil sie ganz felsenfest überzeugt waren, dass ihr Kranz der größte und prächtigste sei. Sie hatten echte Wachskerzen, sehr dicke, gelbe, die wirklich nach Honig rochen, und langes silbernes Engelshaar. Sie steckten die Kerzen an und knipsten das elektrische Licht aus. Alle waren für einen Augenblick still, die Lichter knisterten, es roch nach Wachs und nach Weihnachten.

Plötzlich, zehn Minuten vor acht, brach ein Krieg aus, wie ihn die Schule noch nicht erlebt hatte. Und das kam so: Marianne hatte einen ganz kleinen Spalt die Tür aufgelassen, sie hatte gemeint, es könne nicht schaden, wenn die Quinta jetzt schon ein bisschen Ahnung kriege, wie herrlich es bei der Sexta sei. In diesem Augenblick stellte ein Feind seinen Fuß in den Türspalt und rief: „Ha, die dummen Gören feiern mit den Juden!“

Marianne, die im Augenblick noch nicht übersah, was los war, schlug dem Eindringling auf jeden Fall erst mal eine gehörige Backpfeife herunter. Und dann ging’s los.

Die Sexta kam dem angegriffenen Kameraden in Seenot zu Hilfe und im Nu war die tollste Rauferei und Schimpferei im Gange.

„Die Juden! Erst schlagen sie Jesus tot, und dann feiern sie mit Weihnachten!"

„Raus, hier ist unsere Klasse, wir haben gar keine Juden!"

„Haufenweise!", schrie die Quinta, die selbst nur deshalb am heutigen Morgen keine Juden in ihren Reihen hatte, weil sie in der ersten Stunde Religionsunterricht hatten und die jüdischen Kinder an diesem Tage eine Stunde später anfingen.

Nun ging der Krach in den eigenen Reihen los.

„Es ist wahr", weinte Natalie, „sie haben unsern Herrn Jesus ans Kreuz geschlagen!"

Nickelmann brüllte vor Wut: „Quatsch doch nicht, das ist doch längst verjährt! Das ist doch ewige Zeiten her!"

„Wir haben überhaupt nicht euern Herrn Jesus ans Kreuz geschlagen", schrie Marianne tatendurstig, „und wer das noch mal sagt, dem haue ich ordentlich ein paar runter!"

„Wir wollen keine Juden in der Schule, meine Mutter sagt auch, die machen Unfrieden", brüllte Grete Hagemann, die immer sagte, was ihre Mutter gesagt hatte.

„Die Juden müssen aus Deutschland raus", sagte Natalie schluchzend, „die bringen uns Unglück."

„Aus Deutschland raus", lachte Marianne wütend, „in deinem dussligen Kopf ist wohl was losgegangen? Wo sollten wir denn hin? Wir sind hier so gut geboren wie du, nur dass wir ein bisschen schlauer sind."

Natalies dünne Zöpfe waren im Gedränge des Kampfes aufgelöst, wie eine heulende Furie jammerte sie weiter, trotzdem Marianne mit ihr rang: „Unsern Herrn Jesus, und nun hinterher feiern sie Weihnachten und lassen sich am meisten schenken." Und als sie mit genauer Not den Fäusten Mariannes entwichen war, brüllte sie mutig hinter der Bank hervor: „Würdet ihr einen Juden heiraten? Die Juden haben unsern Herrn Jesus umgebracht!"

Das ging selbst Nickelmann zu weit und sie brüllte Natalie an: „Sei du doch ruhig, du bist so dumm, dass du dir immer von Juden helfen lassen musst."

Es klingelte. Marianne schrie noch: „Saudumme Christen!", und das hätte sie besser nicht tun sollen. Nickelmann war ein Christ, wenn sie auch nichts dafürkonnte. Die Klasse beruhigte sich sehr schnell. Wenn die Kinder auch gerade keine freundlichen Blicke miteinander tauschten, so saßen doch brav Juden, Christen und Dissidenten auf den Bänken nebeneinander unter dem Adventskranz.

Fräulein Franke hätte wohl kaum etwas gemerkt, wenn sie nicht gleich auf den unglücklichen Gedanken gekommen wäre, mit ihren Kindern Advent feiern zu wollen.

Sie sangen ein Hirtenlied. Fräulein Franke spielte ihnen ein neues Marienlied vor und las ihnen dann eine rührende Geschichte vor, die hieß: Wie Peterlies das Christkindel gefunden hat.

Als sie fertig war, fragte sie: „Nun Kinder, wie hat euch die Geschichte gefallen?" Alle sagten „gut" und Nickelmann fragte: „Bitte Fräulein Franke, sagen Sie uns, haben die Juden wirklich das Christkind getötet?"

Fräulein Franke wurde ganz rot und sah böse aus.

„Gertrude Linde", sagte sie, „ich muss mich über deine taktlose Frage sehr wundern. Wir wollen doch diese schöne friedliche Stunde nicht durch solche Dinge entweihen.

Euch andern interessiert das doch gewiss nicht“, fügte sie unsicher hinzu und griff nach ihrer Klampfe, um ein gemeinsames Schlusslied zu singen. Und da zeigte sich, dass Marianne genau wusste, was Freundschaft ist: „Mich interessiert es auch, ich möchte wissen, ob die Juden es getan haben!“, sagte Marianne mit solidarischer Bestimmtheit.

„Ihr werdet in der Religionsstunde davon hören, es gehört hier nicht her“, sagte Fräulein Franke und spielte die ersten Töne: „Es ist ein Ros entsprungen.“ Marianne und Nickelmann sangen nicht mit.

Fräulein Franke sagte nichts dazu.

FÜNFTES KAPITEL

BEI MIETKES WIRD PHILOSOPHIERT

Marianne und Nickelmann gingen außergewöhnlich wortkarg nebeneinander her. An der Straßenecke blieb Marianne nachdenklich stehen und zwang dadurch Nickelmann, ein gleiches zu tun.

„Weißt du, wenn ich daran denke, wie diese dumme Pute, die Natalie, sagte, sie würde keinen Juden heiraten! Also zum Beispiel den Stefan, den würde sie nicht heiraten!" Sie guckte Nickelmann an. Nickelmann blieb gegen ihre Gewohnheit stumm.

„Weißt du", fuhr Marianne fort, und dabei gingen beide weiter, „ich werde es Stefan sagen, und der wird ihr auflauern und wird sie mörderlich verdreschen. Das tut er!"

Nickelmann bezweifelte das nicht, sie kannte Stefans Mut und seine harte Faust zur Genüge. Sie gingen in Gedanken versunken weiter.

„Dieser Wandervogel", sagte Nickelmann wegwerfend, „wie sie das sagte: ‚Gertrude Linde'", und sie äffte die Stimme von Fräulein Franke nach. „Aber weißt du, meine Mutter wird heute Abend lachen. Immer meint sie, kein Mensch wüsste in der Schule, wie ich wirklich hieße. Braucht der

Wandervogel nur schlechte Laune zu haben, gleich weiß er es ganz genau!"

„Gerade dem Gericht hat sie das nachgeäfft, da wissen sie auch immer alles. Onkel Herbert, der ist doch Rechtsanwalt, weißt du, der hat eine drollige Sache erzählt. Da war einmal eine Frau, die hatte gestohlen oder so was, und dann hat sie immer einen falschen Namen genannt. Da kommt sie aufs Gericht, fragt der Richter: ‚Na wie heißen Sie denn noch gleich?' Da sagt die Frau: ‚Ich heiße Sieglinde Siegfried.' ‚Ist gut, Frau Böhrmann', sagte der Richter. So hieß nämlich die Frau. Eine feine Geschichte, nicht?"

„Sehr fein", sagte Nickelmann, „fein und wahr, das hat man selten!" Nickelmann war durch die Erlebnisse unter dem Adventskranz sehr philosophisch geworden.

„Ich glaube, Fräulein Franke ist ein Christ", seufzte sie zum Abschied.

Nachmittags um fünf hatten sich beide bei Mietkes angesagt. Frau Mietke konnte sich mit den Kindern auch ganz gut vertragen, wenn ihre Freundschaft besonders mit Nickelmann auch mit der ihres Mannes gar nicht zu vergleichen war. Heute hatten sie etwas ganz Köstliches vor. Herr Mietke hatte ja das Filmabenteuer von Anfang bis zu Ende miterlebt. Nickelmann hatte nun die herrliche Idee, mit Herrn Mietkes Hilfe die erste große Geschichte ihres Lebens mit Illustrationen zu schreiben. Die sollte die Mutter zu Weihnachten haben. Und heute Nachmittag sollte Marianne in das Geheimnis eingeweiht werden.

Ursprünglich wollten Herr Mietke und sie das Geheimnis ganz allein bewahren. Die ersten Tage erschien es leicht, solange nämlich Nickelmann beschäftigt war, die ganze Geschichte erst einmal mit Bleistift aufzuschreiben. Aber jetzt hatte sie das Geheimnis schon über vierzehn Tage bewahrt und immer ertappte sie sich bei solchen Sätzen, die anfingen: „Wenn ich erst einmal Filmdiva bin – oder so ähnlich." Da musste sich ja Marianne wundern.

Um fünf Uhr musste Tante Susa ausnahmsweise die vordere Tür aufschließen und Nickelmann mit einem geheimnisvoll zugedeckten Puppenwagen verschwand im Aufzug. Tante Susa wunderte sich nicht wenig, dass Herr Mietke eigenhändig anfasste, mit ihr leise tuschelte, Nickelmann nickte, und dann fuhren sie zusammen in die Tiefe.

Tante Susa ging beruhigt in das Nähzimmer, wo man bald den Weihnachtsmann an der Nähmaschine ächzen hörte, der einen dunkelblauen Trainingsanzug nähte.

Unten stand schon voller Erwartung Marianne. Frau Mietke hatte eine gute Stube, in der es im Winter am wärmsten im ganzen Hause war, weil hinter der einen Wand die Dampfheizung lag. In dieser Stube war ein rotes Plüschsofa, mit zwei seidenen Kissen. Darauf durften sie natürlich nicht sitzen. Nur ganz selten, wenn Herr Mietke sich mit seiner Frau gezankt hatte, legte er sich ein Stündchen drauf, unter die Füße eine Zeitung. Wenn sich seine Frau genug geärgert hatte, stand er wieder auf. An der Wand stand eine Kommode mit einer sternengestrickten Decke drüber. Links und rechts gleich weit vom Rande standen die Porzellanhunde mit herabhängenden, goldgeränderten Ohren. In der Mitte in einem eichenlaubgeschnitzten Rahmen stand Herr Mietke, im Schmuck seiner Uniform. Unten dran steckte ein Edelweiß, das hatte er seiner Frau im Weltkrieg gepflückt.

Kaum hatte Herr Mietke die gute Stube verlassen, als seine Frau es sich mit dem Achtuhrabendblatt bequem machte.

Herr Mietke schloss vorsichtig die Tür, dann setzten sie sich um den Tisch. Die Plüschdecke hatte Frau Mietke natürlich abgenommen. Nicht weil sie Angst hatte, dass die Kinder sie schmutzig machten, aber sie kriegte so leicht Druckstellen.

Und dann, als Marianne schon ganz heiße Ohren hatte, konnte es losgehen. Die Geschichte war genau so erzählt, wie Nickelmann sie erlebt hatte. Trotzdem jedes Wort wahr war, konnte Marianne es nicht glauben. Aber als zum Schluss Herr Mietke sagte: „Genau so war es, so wahr als ich hier auf dem harten Stuhl sitze", da musste es Marianne glauben. Und dann war ja auch noch die Puppe und die Visitenkarte da.

Nun berieten sie zu dritt, welche Überschrift die Geschichte haben sollte. Herr Mietke schlug vor, sich nach dem Achtuhrabendblatt zu richten, da würde es heißen: Gertrude Linde, aus den Jugenderinnerungen einer Filmdiva. Nickelmann hatte Angst, dann würde aus ihrer blendenden Karriere nichts, wenn sie schon jetzt so unbescheiden wäre. Sie wollte lieber Zukunftsträume oder so was und noch einen passenden Schluss daran schreiben. Marianne machte den besten Vorschlag: Der jugendliche Filmstar Gertrude Linde oder aus dem Alltagsleben eines Grafenkindes. Und so wurde der Titel dieses Erstlingswerkes gewählt.

Über eine Stunde hörte man nichts als das eifrige Kratzen von Nickelmanns Feder. Manchmal unterhielten sich Herr Mietke und Marianne ganz leise, aber Nickelmann verhielt sich stumm. Endlich, es erschien Marianne wie eine Ewigkeit, seufzte Nickelmann, rieb sich die Hände, streckte alle fünf Finger der rechten Hand von sich und sagte: „Vier Nachmittage muss ich so schreiben, dann bin ich fertig!"

Marianne hatte in der Zeit das Kleid für die Puppe angefangen, Frau Mietke hatte ihr einen großgeblümten Vorhangstoff geschenkt, daraus machte sie ein Babykleid. Sie meinte, ihre Arbeit würde auch so lange dauern. Jetzt wollte Herr Mietke ihnen noch eine feine Geschichte aus dem Achtuhrabendblatt vorlesen, die hieß: Der Fassadenkletterer; aber leider erlaubte es seine Frau nicht. Es täte die Kinder in Grund und Boden verderben und ein anständiger Christenmensch könne sich nicht dafür interessieren, sagte sie bissig. Und so viel Herr Mietke auch heimlich nach der Zeitung suchte, so konnte er sie doch nicht finden. Das ärgerte ihn sehr, deshalb steckte er sich eine Zigarre an.

„Sagen Sie mal, Herr Mietke“, fragte Marianne, „gibt es auch Portiers, die Juden sind?“

„Nee“, meinte Herr Mietke nach einigem Nachdenken, „in unserm Portierverband gibt es keinen. Ich kann mir auch nicht denken, dass es in Berlin auch nur einen gibt.“

„Warum nicht?“, erkundigte sich Nickelmann.

„Tscha“, überlegte Herr Mietke, „erstmal können sie doch nicht so lange stehen in der Dampfheizung und dann das Kohlenschippen und das Herumlaufen den ganzen Tag. Nee, die sind doch man alle schmächtig, die haben alle Arbeit mehr im Kopf, denke ich mir. Alle Juden, die ich kenne, die sind was Höheres und so, aber so Kraft mit Händen, die haben die nicht.“

„Haben die wirklich den Herrn Jesus totgeschlagen?“, wollte Nickelmann wissen.

Herr Mietke sah auf die Kommode, wo sein Uniformbild mit dem Edelweiß stand, und sagte: „Das ist schon so lange her, dass kein Mensch mehr was davon weiß, aber das ist noch nicht lange her, dass die Christen sich gegenseitig totgeschlagen haben, vier lange Jahre durch, weil's ihnen befohlen wurde, und keiner hat gewusst, wozu. Richtig besehen, leben auf der ganzen Welt meistens Mörder. Ich bin auch so einer."

Nickelmann und Marianne sahen sich erschrocken an. „Deinen Vater haben sie auch ermordet, weißt du, erst haben sie ihn so lange interniert in England und dann wurde er krank, und als sie ihn dann auslieferten, war er so gut wie ein toter Mann. Und war ein so freundlicher, hübscher Mensch. Ich seh' ihn noch so wie heute die Treppe rauf gehen. Du kannst dich ja nicht besinnen, warst ja noch gar nicht da."

Da kam Frau Mietke und sagte, sie wolle nicht haben, dass ihr Mann den Kindern seine Politik erzähle, darüber könnten die Leute im Hause böse werden. In seinem Verband, da wäre es etwas anderes. Trotzdem waren beide Mädchen sehr zufrieden, dass Herr Mietke ihnen seine Ansicht gesagt hatte. Im Augenblick waren sie fest überzeugt, dass er recht hatte. Er war lange Jahre dabei gewesen und hatte in der Kommode ein Kästchen, in dem lag auf blauem Samt ein Eisernes Kreuz. Er zeigte es nicht gern, und wenn seine Frau es ihrer Freundin zeigen wollte, musste sie immer so lange warten, bis ihr Mann am Kiosk war und sich seine Zeitung holte. Und weil er mit dem Zeitungsmann sehr befreundet war, dauerte es oft sehr lange, bis er zurückkam. In der Zeit konnte Frau Mietke mit ihrer Freundin das Eiserne Kreuz ansehen.

SECHSTES KAPITEL

HEILIGABEND VON OBEN BIS UNTEN UND VON FRÜH BIS SPÄT

Nickelmann, Marianne und Stefan saßen unten im Treppenhaus neben der Heizung auf einer Kiste. Stefan hielt Hulle zwischen seine Knie geklemmt. Es war erst neun Uhr früh, aber dies würde der herrlichste Tag des ganzen Jahres werden: Heiligabend!

Nickelmann war noch ganz besonders glücklich, die Mutter hatte vier Tage Urlaub. Es war einfach nicht auszudenken, was sie in diesen vier Tagen alles anstellen würden. Und wie wunderbar das sein würde, morgens ganz lange zusammen zu frühstücken und zusammen spazieren zu gehen und zusammenzusitzen, die Mutter gegenüber im alten braunen Sessel und Weihnachtsbücher zu lesen. Nickelmann hatte gerade eine ausführliche Schilderung all dieser Herrlichkeiten gegeben; aber Marianne und Stefan konnten es nicht gut begreifen. Ihre Mutter war den ganzen Tag zu Hause und beide Kinder waren immer sehr froh, wenn sie einmal ausging.

Im vorigen Jahr war Mariannes Mutter zu einer Freundin gereist, nur acht Tage. Da hatten beide einen Indianerfreudentanz aufgeführt, als sie abfuhr. Marianne hatte, sooft sie wollte, das Sonntagskleid aus blauem Waschsamt angezogen und Stefan hatte mit seinem Stabilbaukasten eine Riesenschaukel gebaut mitten auf dem Boden im Esszimmer, und das Mädchen und die Köchin mussten drei Tage im Bogen herumgehen. Alles das gab es nicht, wenn die Mutter da war.

Alle drei mutmaßten, was es wohl abends unter dem Weihnachtsbaum gehen würde. Hulle brauchte nicht zu mutmaßen: Er wusste, wenn es nach Weihnachten roch, gab es eine Wurst. Stefan und Marianne hatten schon vor einigen Wochen ganz genaue Wunschzettel aufgeschrieben.

„Allein weiß sie wirklich nichts", meinte Stefan, „sie schenkt uns dann lauter Sachen, die ihr gut für Kinder gefallen. Aber wenn man es ihr aufschreibt, ist sie froh. Dann sagt sie schon lange vorher, ein Grammophon gibt es natürlich nicht, das ist für Kinder viel zu teuer! Dann kannst du aber sicher sein, dass sie schon unten im Schrank im Esszimmer eins hat."

„Komisch", sagte Nickelmann, „meiner Mutter fällt alles von allein ein, was ich mir wünsche. Ich brauch das nie aufzuschreiben. Leider hat sie nicht so viel Geld, dass sie mir alle Sachen kaufen kann. Aber das schönste Geschenk für uns alle beide ist ihr Urlaub. Und diesmal kriegt sie ja von mir noch das herrliche, na – du weißt ja schon."

Stefan wusste noch nichts von dem so mühselig behüteten Geheimnis. Merkwürdig war nur, dass er, obwohl Marianne und auch Nickelmann stündlich Anspielungen machten, gar kein bisschen neugierig war. Das war sehr sonderbar! Und eigentlich machte ein Geheimnis nur Spaß, wenn jemand schrecklich gierig war, es herauszukriegen!

Da kam Herr Mietke! Seinen Werkzeugkasten in der Hand, schlurfte er in seinen warmen Kamelhaarschuhen an ihnen vorbei zum Lift. „Ich spiel heut Weihnachtsmann", lachte er die Kinder an, „wollt ihr mal was sehen?"

Die Kinder drängten sich aufgeregt an die Lifttür. Drinnen in der Ecke lehnte ein wunderbarer Tannenbaum. „Für Buschmanns", schmunzelte Herr Mietke. „Ich steck ihn in den Fuß, der macht Musik. Ich kann euch aber nicht mitnehmen, müsst euch selbst was ausdenken!" Klapp war die Tür vor der Nase zu.

Draußen regnete es. „Das ist traurig, das ist gar kein Weihnachtswetter. In allen Büchern steht immer bei den Weihnachtsgeschichten: Die Erde war in weißen Schnee eingehüllt, oder so ähnliches", seufzte Marianne.

Stefan erinnerte sich, dass es im vorigen Jahr Weihnachten auch geregnet hatte. Auf die Dauer wurde es ihnen langweilig im Treppenhaus, und als jetzt Tante Susa kam, um noch Kerzen in der Drogerie einzukaufen, liefen alle drei mit.

Herr Seidel in der Drogerie war schon sehr vergnügt. Jedem sagte er etwas Nettes und wenn die Käufer fertig waren, rief er fröhlich: „Frohes Fest, gnädige Frau!", und bei den Dienstmädchen sagte er: „Lassen Sie sich ordentlich was schenken, Fräulein Anna!" Und als gar Buschmanns Köchin kam, lachte er sie an und sagte: „Na, Fräulein, bei Ihnen weiß ich schon, was Ihnen der Weihnachtsmann bringt."

„Wieso?", fragte die Köchin argwöhnisch. Und dann sagte sie schnell: „Wissen Sie, Herr Seidel, ich tausch es dann nach den Feiertagen um!" Woraus man deutlich merken konnte, dass sie sich auch schon das Rechte dachte, nämlich die Spezialgeschenkpackung für Dienstmädchen, die Herr Seidel extra für Weihnachten hatte herstellen lassen, und die er jeder Herrschaft warm empfahl. Es waren zwei

Stück Seife und ein Fläschchen Parfüm. „Seidels Frühling" hieß der Kasten. Das hatte sich Herr Seidel mit seiner Frau ausgedacht.

Die Kinder suchten sich an einem Tischchen je einen prächtigen bunten Karton mit einem goldenen Bändchen zum Zubinden aus. Darüber freuten sie sich sehr, besonders Nickelmann hatte sofort Verwendung dafür. Bald nach Tisch ging sie mit der Mutter zu Onkel Hans hinüber, der sich wirklich sehr über den Besuch freute. Er hatte ein rundes Tischchen selbst gedeckt mit Kaffee und Kuchen, und er hatte eine neue dunkelblaue Seidenjoppe an. Nickelmann trank echten Kaffee von dem, „der einen ganz auf neu macht", wie Stefan das nannte.

Für Onkel Hans hatte sie einen feinen Federwischer aus altem Handschuhleder gemacht. Obendrauf war ein blauer Galalithknopf. Und da ihr dieses Geschenk gestern Nachmittag zu spärlich erschienen war, hatte sie ihm noch eine wissenschaftliche Geschichte gedichtet, die hieß:

Vom Käse bis zum Knopf, oder:
Wie ich Galalith wurde.

Beide Teile lagen zusammen in der bunten Schachtel von Herrn Seidel und waren mit der goldenen Schnur verschnürt. Da war es also wirklich kein Wunder, dass Onkel Hans ganz aus dem Häuschen war vor lauter Glück und meinte, das könne er natürlich nicht wiedergutmachen. Aber das Paket von Onkel Hans wurde erst abends geöffnet unter dem Tannenbaum, so war es stets gewesen.

Als Nickelmann merkte, dass die Mutter sich mit Onkel Hans auch noch gern etwas erzählt hätte, ging sie in den Erker.

Da drüben war ihr Haus. Wie seltsam das von dieser Seite aussah. Oben aus dem Schornstein stieg der Rauch. Sicher hatte Herr Mietke ordentlich nachgeheizt. Und da waren die Fenster von ihrem Wohnzimmer mit dem Balkon davor. Auf dem Balkon hatte bis heute Morgen der Tannenbaum gestanden. Auf der anderen Seite wohnten die beiden Malerinnen, die erst im Herbst eingezogen waren. „Anständige, ruhige Personen", pflegte Herr Mietke von ihnen zu sagen. Sie hatten auch einen kleinen Balkon, aber dahinter war das Fenster viel breiter als bei Lindes. Das hatten sie unten von der Straße aus nicht sehen können. Es war ein richtiges Atelierfenster und auf dem Fensterbrett stand ein großer brauner Topf mit Tannenzweigen. Das Fenster war in viele kleine Vierecke eingeteilt, ähnlich wie im Rechenheft. Sehr seltsam sah das aus!

Darunter wohnten Buschmanns. Die hatten Licht im großen Zimmer, aber die Vorhänge waren noch nicht zugezogen. Man sah wie in der Mitte der hohe Baum stand, halbgeputzt, und auf dem Sofa saß Frau Buschmann mit ihrer Tochter, die hieß jetzt Frau Berends. Der kleine Junge war auch da. Sie saßen und ruhten sich ein bisschen aus. Das kam Nickelmann wunderlich vor, hier zu stehen und in das etwas tiefer gelegene Gegenüber hineinzuschauen.

In der Wohnung unter ihnen war alles dunkel. Da wohnte eine alte, kranke Dame. In ihrer Wohnung war hinten eine Extrawohnung abgeteilt, die hatte sie vermietet. Ihr Wohnzimmer lag gerade unter dem von Nickelmann. Wenn Nickelmann die alte Dame auf der Treppe traf – und das war sehr selten –, sagte sie: „Ich danke dir, mein Kind, dass du so viel Rücksicht auf eine alte Dame nimmst. Ich habe gar nicht gehört, dass du über mir wohnst." Dabei

Für Senta dauert Weihnachten genau vier Minuten.
Der Teller ist leer, die Wurst in ihrem Magen.

zitterte ihr alter gefalteter Mund, und sie fuhr mit ihrer ganz müden kleinen weißen Hand über Nickelmanns Locken. Ob sie wohl einen Tannenbaum hatte? Oder ob Mietke wusste, ob sie mit der Post ein Paket gekriegt hatte?

Ganz unten rechts wohnten Stefan und Marianne mit ihren Eltern. Da waren die Vorhänge zugezogen. Die waren jetzt alle zur Bahn gefahren mit einer Autotaxe, um die Großeltern abzuholen. Die kamen aus Thüringen. Jedes Weihnachten kamen sie und brachten herrliche Dinge mit. Der Großvater hatte eine Holzmühle an einem Fluss. Stefan hatte sie auf einer Postkarte.

Ganz unten links wohnte ein seltsamer Herr, der hatte einen Verlag. Bei ihm arbeitete das sehr hellblonde Fräulein. Oft holten sie Obst oder Schokolade und am allermeisten Zigaretten für Fräulein Monk. Immer dieselbe Marke: Senussi mit Kork. Dort in der Wohnung wurde eine Zeitschrift gemacht, von der Herr Mietke behauptete, dass kein reeller Mensch sie je lesen möge. Da in der Ecke hatte heute Morgen auch ein Tannenbaum gestanden, jetzt war er verschwunden. Wer mochte wohl in der Wohnung feiern?

Als Nickelmann so in Gedanken das gegenüberliegende Haus betrachtete, fingen von der nächsten Kirche die Glocken an zu läuten. Sie läuteten erst leise und dann wurden sie lauter und lauter. Ja das war Weihnachten! Auch die Mutter und Onkel Hans traten ans Fenster und lauschten.

„So", sagte Onkel Hans, „jetzt ist es fünf Uhr, wir wollen zusammen eine Nase voll Weihnachten nehmen." Er steckte auf einem silbernen Leuchter eine dicke gelbe Kerze an und hielt einen Tannenzweig in die Flamme. Gleich verbreitete sich ein wunderbarer aromatischer Duft. Der

Zweig glimmte weiter und Onkel Hans legte ihn in eine Bronzeschale. Die blauen Rauchwolken kräuselten sich davon in die Höhe. Hulle lag auf dem Boden und sah mit blanken Augen dem Rauche nach. Wann kommt die Wurst?, fragten seine Augen.

Als sie auf die Straße traten, schaukelten die ersten Schneeflocken durch die Luft. „Es schneit, es schneit!“, jubelte Nickelmann entzückt, „sieh nur, es schneit!“

„Ja“, sagte die Mutter und fasste Nickelmann um die Schulter, als sie über die Straße gingen, „und drüben bei uns ist jetzt der Weihnachtsmann!“

SIEBENTES KAPITEL

DA HABEN WIR DIE BESCHERUNG

Oben an der Korridortür klingelten sie. Tante Susa sah durch das runde Loch mit einem großen blauen Auge. Dann brackelte der Schlüssel, fiel innen die Sicherheitskette und die Tür öffnete sich. Tante Susa hatte das dunkelblaue Sonntagskleid an und sah für ihre Verhältnisse glücklich aus. In der Zeit, als Nickelmann mit der Mutter bei Onkel Hans gewesen war, hatte Tante Susa wie jedes Jahr dem Weihnachtsmann geholfen.

„Nun", fragte die Mutter, „wie geht denn nun dein Programm weiter, lieber Weihnachtsmann?" Da mussten Tante Susa und Nickelmann lachen.

„Nummer eins: Großes Weihnachtsschnitzelessen mit rotem Pudding und Vanillesauce. Nummer zwei: Musikalische Darbietung von Frau Doktor Linde. Nummer drei: Der Weihnachtsbaum und die Geschenke. Nummer vier: Der Federball."

„Nein, nein", rief Nickelmann, „diesmal müssen wir eine Nummer extra machen. Die vierte heißt: Die Überraschung."

Damit war die Tante einverstanden. Erst wurde also mit großem Vergnügen an einem kleinen Kindertisch hinten in Tante Susas Zimmer gegessen. Dann gingen sie vorn in das Wohnzimmer, wo es noch ganz dunkel war. Tante Susa und Nickelmann setzten sich in die Sofaecken und die Mutter an das Klavier. Sie spielte alle Lieder, die sie gemeinsam kannten, Weihnachtslieder und solche, die Mutter und Tante Susa gesungen hatten, als sie noch in Dänemark in die Schule gingen. Und als sie endlich sangen: „O Tannenbaum, o Tannenbaum, wie grün sind deine Blätter", da standen Tante Susa und Nickelmann auf und zündeten mit einem vorjährigen Licht an einem Stock die Christkerzen an.

Als es ganz hell war, konnte man deutlich sehen, dass Tante Susa im Dunkeln, wie jedes Jahr, ein bisschen geweint hatte. Nickelmann aber hatte so glührote Backen, dass sie hätte bestimmt daran die Lichte anstecken können. Und ihre Augen leuchteten so, als hätte sie Fieber. Aber es war Freudenfieber!

Unter dem Baum lagen Nickelmanns Geschenke. Es gab herrliche Sachen: den vielgewünschten Huckleberry Finn und eine lederne kleine Schulmappe, zwei Kakteen, die ganz voll weißer Bärte waren, hellwollene Socken zum Rollen mit einem blauen Rand, eine silberne dicke Uhr für den Nachttisch und zwei Pinsel mit Dachshaaren. Das Schönste war ein Trainingsanzug aus dunkelblauem Wollstoff. Natürlich musste sie sofort ausprobieren, wie er saß! Selbst Tante Susa, die doch gewiss nicht leicht zufrieden war, erklärte, sie habe nicht geglaubt, dass der Anzug so herrlich passen würde. Nickelmann behielt ihn dann gleich an. Später würde sie Stefan, Marianne und Mietkes noch besuchen. Na, die würden sich ja schön wundern.

Als die schlimmste Aufregung vorbei war, entsann sich Nickelmann, dass nun Nummer vier fällig war. Sie bat, Mutter und Tante Susa sollten sich in das Sofa setzen. Dann holte sie ein sehr merkwürdiges Paket, die Mutter meinte, es könnte eine zerbrechliche Vase sein oder etwas ähnliches. Es war eingehüllt in einen karierten Kissenbezug. Den hatte Frau Mietke geborgt. Dies Paket setzte sie vorsichtig zwischen Mutter und Tante gegen das blauseidene Kissen gelehnt.

Dann ging sie hinaus und holte ein zweites kleines Päckchen. Unter andächtigem Stillschweigen wickelte sie aus Seidenpapier mit goldenen Sternen ein Büchlein heraus. Es war so groß wie ein Schreibheft, aber es hatte einen Umschlag, der ganz bemalt war mit den aufregendsten Bildern, die man sich nur denken kann. Nickelmann erklärte sie aber noch nicht. Sie sagte, nach einer halben Stunde brauche sie sie gar nicht mehr zu erklären, weil sie dann alle von selber wüssten, was sie bedeuteten. Auf der Innenseite waren zwei Herzen gemalt, in dem einen stand „von Nickelmann", im zweiten „für Gerte".

Da wusste die Mutter, das war für sie. Und dann fing Nickelmann an, vorzulesen:

Der jugendliche Filmstar Gertrude Linde oder aus dem Alltagsleben eines Grafenkindes.

Manchmal unterbrach sie das Lesen, um die Illustrationen zu zeigen und die Visitenkarte. Als sie zu Ende war, enthüllte sie das Paket auf dem Sofa und zum Vorschein kam die dicke Babypuppe in einem großgeblümten Kleid, und auf dem Kopf trug sie eine Art Mütze mit Federn, und das Ganze hatte Ähnlichkeit mit einem Segelschiff auf hoher See. Die Mutter musste sich immer wieder die Nase putzen, weil sie durchaus nicht wusste, ob sie lachen oder weinen solle über so viel Geschenke. Endlich nahm sie Nickelmann, die doch schon zehneinviertel Jahr alt war, auf den Schoß und sagte: „Ach, mein guter Nickelmann, ich bin so glücklich!" Und Nickelmann fiel der Mutter stürmisch um den Hals und jubelte. „Ich auch, Mammi Gerte, ich auch!"

Alle waren glücklich, Tante Susa über eine dicke braune Strickweste und über Kognak mit drei Sternen für schwere Erkältung und über einen komischen Besen aus dicken Wollfäden, der Mops hieß und gut für das Parkett sein sollte. Die Mutter hatte vom Onkel Hans weiche Lederhandschuhe und Parfüm und eine lustige Bonbonniere mit bunten eingewickelten Pralinen. In manchen war drinnen Alkohol, die liebte Nickelmann besonders. Aber die Mutter fand, sie seien nicht so gesund für Kinder. Das war klar, um gesund zu sein, schmeckten die viel zu gut. Nickelmann schlug deshalb vor, sie wollten lieber einmal im Jahr ein bisschen krank sein und heute Abend die Pralinen essen. Außerdem meinte sie, sie wollten hinterher einen gesunden Kognak trinken, dann würde der Likör nicht schaden. Da knisterte grade der Tannenbaum und sie sahen, dass fast alle Lichte schon weit heruntergebrannt waren. Weil sie aber gerne Silvesterabend noch einmal den Tannenbaum im Lichterschmuck sehen wollten, pusteten sie jetzt schnell alle Kerzen aus. Nur ganz oben brannten zwei bis zu Ende. Die waren zu hoch.

Da hörten sie draußen Klopfen und Rufen an der Tür, Stefan und Marianne würden das sein. Als Nickelmann öffnete, blieb ihr das Wort im Halse stecken; Stefan und Marianne hatten auch blaue Trainingsanzüge an! Jetzt sahen sie wirklich wie Drillinge aus. Stefan erholte sich zuerst von seinem Erstaunen: „Hast du am Ende auch eine Baskenmütze und einen Rodelschlitten und ein Grammophon?“ „Nein“, rief Nickelmann, „aber ich hab den Huckleberry. Habt ihr Gulliver?“ Und sie rannten zu dritt wie die Wilden die Treppe hinunter. Frau Linde folgte langsamer, sie ging mit einem Paket, das sehr nach einer Flasche aussah, zu Herrn Mietke.

Stefan hatte wirklich ein Grammophon. Dazu drei Platten. Sie setzten sich auf den Teppich und spielten. Die Großmutter, die schwerhörig war und deshalb immer schrecklich schrie, wenn sie mit jemandem sprach, brüllte Nickelmann ins Ohr: „Ich hab dir was mitgebracht, es liegt im Paket dort auf dem Stuhl!!“ Und Nickelmann schrie zurück: „Danke schön, ich habe aber leider für Sie gar nichts!!“ Darüber lachten alle sehr und Nickelmann packte mit Stefan das Paket aus. Erst kam sehr viel Papier und dann ein großer hölzerner Kasten und als sie soweit waren und sie alle drei neugierig in den Kasten guckten, war eine seltsame Maschine aus Holz drin. Die Großmutter schrie: „Das ist ein kleiner Webrahmen, damit kannst du weben! Später kannst du Weberin werden!“

„Das tut mir leid“, sagte Nickelmann, „ich werde ja schon Filmdiva.“ „Was willst du werden?“, schrie die taube Großmutter. „Ich habe eben verstanden: Filmdiva!“ Nickelmann nickte eifrig mit dem Kopf. „Ja, ich werde Filmdiva.“ „Mein Gott, mein Gott“, jammerte die Großmutter sehr laut, „du armes Kind!“ Aber den Webrahmen hätte Nickelmann gerne behalten und als sie so traurig auf die Kiste heruntersah und dann die Großmutter anguckte, packte Stefan kurz entschlossen alles wieder ein und sagte: „Morgen komm ich nach oben und baue ihn dir zusammen. Da liegt eine genaue Zeichnung dabei. Danach kann man alles zurechtkriegen.“ Die Großmutter konnte nicht mehr verstehen, was die Kinder miteinander ausmachten, sie sank in ihren Stuhl zurück und guckte in den Tannenbaum. Da brannten noch alle Lichter, denn es waren winzige elektrische Birnen, die alle einzeln an einer kleinen Drahtschnur befestigt waren. Vor einem Jahre hatte Stefan mit Herrn Mietke die ganze Anlage allein gemacht. Da war es kein Wunder, dass Stefan sehr stolz auf sein Werk war. Deshalb durften die ganzen Feiertage nichts anderes brennen als die elektrischen Christbaumkerzen. Es war Stefans Mutter besonders angenehm, allen Bekannten diese Anlage vorzuführen. Die Jugend von heute, sagten sie dann immer.

„Programm Nummer fünf“, rief die Mutter, die schon ein Weilchen im Nebenzimmer mit Stefans Vater gesprochen hatte. „Federball“, seufzte Nickelmann, nahm den dicken Kasten unter den Arm und sagte gute Ruh. Und als sie schlaftrunken im Bett lag, sagte sie: „Du bist das Beste, Mammeli Gerte! Gerte, du bist das Allerbeste auf der Welt.“ Da fielen die Augen zu.

ACHTES KAPITEL

DER PARFÜM-SPRINGBRUNNEN

Heute war ein ganz besonders seltsamer Tag für die Berliner; erstens hatten die Straßenbahnschaffner den Befehl gekriegt, gegen alle Menschen höflich und zuvorkommend zu sein. Wer es am besten gemacht hatte, sollte eine Belohnung kriegen. Zweitens war in ganz Berlin Ausverkauf, das ist die feinste Gelegenheit, um schrecklich viel geschenkt zu kriegen; denn die Dinge, die zu Weihnachten nicht verkauft werden, werden hinterher beinah verschenkt. Da wollten Nickelmann und Marianne dabei sein.

Nickelmann hatte die neuen langen grauen Gamaschen an und dazu den Wintermantel. In der Manteltasche steckte ihr Geld. 1,85 Mark. Marianne hatte sich so lange fein gemacht, dass man wirklich genauso gut glauben konnte, sie sei schon eine Dame. Besonders dadurch, dass sie sehr zierlich in der Hand ein rotledernes Täschchen trug. Sie standen beide hinten auf der 69 und unterhielten sich mit dem überaus höflichen Schaffner.

Sie fuhren durch die Kaiserallee, der Schaffner gab ihnen die Fahrkarten und Marianne machte einen kleinen Knix. Dazu legte der Schaffner die Hand an den Mützenrand und sagte: „Guten Tag, die Damen!“

„Die Damen“ erzählten, sie wären auf dem Wege zum Ausverkauf. Und der Schaffner machte sie darauf aufmerksam, sie sollten ja den Parfümspringbrunnen nicht verpassen. Da könne man noch ein ganzes Jahr später fein riechen und alles umsonst. Die Freundin seiner Frau, die röche heute noch nach dem vorigen Ausverkauf.

Unterdessen fuhren sie von der Kaiserallee rechts abbiegend in ein anderes Stadtviertel, in das bayrische. Bisher hatte Nickelmann immer gedacht, im bayrischen Viertel hätten sich Bayern angesiedelt. Was für ein Glück, dass heute die Schaffner ihren höflichen Tag hatten. So erfuhren die beiden Ausflügler, dass im bayrischen Viertel sehr viele Russen wohnten und diese Russen wurden zum Unterschied von den echten Russen Emigranten genannt. Die Straßen hießen hier, weil den Stadtvätern gar nichts anderes eingefallen war, nach den bayrischen Städten.

Je mehr sie in die Stadt hineinkamen, je mehr merkte man auch schon vom Ausverkauf: Alle Läden von oben nach unten voll von Plakaten:

Großer Saisonausverkauf!
Um die Hälfte ermäßigt!
Nie wiederkehrende Gelegenheit!
Ein reinseidenes Kleid geschenkt!
Spottpreise!
Ohne Rücksicht herabgesetzt!
50 % Ermäßigung!

Rasend schnell ging es an all diesen Wimpeln und Fahnen vorbei, sie waren schon in der Motzstraße, vor ihnen lag der Untergrundhahnhof, der wie eine Kirche aussieht, dort stiegen sie aus. Sie gaben dem Schaffner die Hand und bedankten sich. Er war der höflichste Schaffner, den sie je getroffen haben. Er winkte ihnen noch ein wenig mit der Hand nach.

„Glaubst du die Geschichte mit dem Springbrunnen", fragte Marianne zweifelnd.

„Aber, wenn der Mann es doch selbst gerochen hat", meinte Nickelmann, „dann muss es doch wahr sein."

Sie gingen die Kleiststraße entlang; obwohl es erst drei Uhr war, waren viele Menschen unterwegs. Manche Schaufenster waren ganz belagert und weil sie doch noch ziemlich klein waren, die Menschen aber nicht an den Berliner Höflichkeitslag dachten, konnten sie nicht sehen, was es dort Besonderes gab. Sie gingen deshalb ohne Aufenthalt bis zum Kaufhaus des Westens.

Nickelmanns Mutter hatte ganz recht gehabt: Es war aufregend. Oben vom Dach hingen Fahnen, wohl zehn Meter lang, drauf stand Ausverkauf. Und von diesen Fahnen gab es wohl zehn Stück, vielleicht auch mehr. Es lohnte sich gar nicht zu zählen, denn schon sahen sie, dass an den Wänden riesige Buchstaben von selbst liefen, die kündeten alles an, was man kaufen konnte. Und immer wieder: bis 50 % ermäßigt. Das mussten sie morgen in der Schule Fräulein Franke fragen. Hoffentlich sagte sie nicht wieder, das sei noch nicht an der Reihe. Als sie sich noch darüber unterhielten, kriegten sie einen Schups und standen nun eingeklemmt zwischen vielen Menschen, die alle in einer Richtung vorwärtsgetrieben wurden, als wären sie von einem Strudel erfasst. Die beiden fassten sich rasch an, damit sie sich nicht verlören und dann, nachdem sie noch einmal fest aneinander gequetscht wurden, schossen sie beinah in die Tür. Sofort hinter ihnen wurde geschlossen, mehr durften jetzt nicht hereingelassen werden, bevor nicht durch eine gegenüberliegende Tür ein Schwung herausgelassen war. Und es war nur gut, dass sich das Kaufhaus des Westens so etwas Schlaues ausgedacht hatte, denn drinnen war es wirklich voll. Hätte der Türhüter nur noch einen einzigen mehr hereingelassen, so hätte man diesen schon auf einen Tisch setzen oder in die Luft halten müssen. Das war natürlich verboten.

Auch die Hunde mussten draußen in einem kleinen Vorraum gelassen werden, darüber waren sie traurig, ein kleiner weißer Lockenpudel weinte. Sicher war er zum ersten Mal mitgenommen und hatte große Angst, er würde seine Herrin nie wiederfinden. Aber das Traurigste war doch ein kleines dreijähriges Mädchen, das furchtbar laut weinte, das ganze Gesicht mit Tränen vollgeschmiert hatte und verlorengegangen war. Der dicke Mann in der braunen Uniform mit den goldenen Litzen konnte es nicht trösten; es hörte gar nicht hin, sondern brüllte ganz laut. Nickelmann kriegte einen roten Kopf, dies erinnerte sie zu sehr an eine ähnliche traurige Geschichte, die in ihrer frühesten Jugend auf dem Spielplatz passiert war. Sie zog Marianne schnell fort.

„Lass mich nicht los, im Gedränge werden wir uns sonst bestimmt verlieren. Wenn wir uns aber verlieren, wollen wir nicht weinen, sondern jeder geht nachher allein nach Hause. Und an der Haltestelle der 69 warten wir aufeinander. Der Stefan braucht ja nicht zu wissen, dass wir uns verloren hatten."

Aber Marianne passte sehr genau auf, sie knuffte Frauen, die sich versehentlich zwischen sie drängen wollten und hier nahm das kein Mensch übel. Es war eine schrecklich verbrauchte warme Luft, es war so bunt und so viel, dass man überhaupt gar nichts sah. Als sie sich gerade zwischen zwei Tische mit Seidenresten, in denen die Frauen wie irre herumwühlten, gerettet hatten, um sich ein wenig auszuruhen, fuhr ein Verkaufsfräulein sie böse an: „Was wollt ihr?"

Nickelmann sagte geistesgegenwärtig: „Wir wollen zum Parfümspringbrunnen. Wo ist der?"

„So, da will euch eure Mutter wieder treffen", brummte das Fräulein. „Ich kann hier nicht weg, aber ihr müsst in den ersten Stock, gleich rechts, da ist der Brunnen!"

Nickelmann und Marianne waren glücklich, erstens: Es gab den Parfümspringbrunnen, und zweitens hatte man nicht gemerkt, dass sie „Kinder ohne Begleitung Erwachsener" waren. Also in den ersten Stock!

Als sie die Treppe hinaufstiegen, dachten sie: Einen Springbrunnen, den hört man von weitem rauschen. Man sieht seinen silbernen Strahl, und wunderbar kühle Luft wird da sein. Aber oben war nichts zu sehen. Und das kam einfach daher, weil sie ihn viel zu hoch in der Luft suchten, anstatt da, wo er war; auf einem Holzsockel, ungefähr zwei Meter hoch, stand ein Puppenbrunnen von einem halben Meter Höhe. Das Wasser war rosa und grün beleuchtet. Sie waren sehr enttäuscht, kein Mensch tat die Hände hinein oder das Taschentuch, und daran konnte man ja ohne weiteres sehen, dass es verboten war. Gegenüber war eine alte lederne Bank, darauf setzten sie sich.

Nachdem sie sich von ihrer Enttäuschung erholt hatten, hielten sie von ihrem Ruheplatz Ausschau. Es gab hier eine Menge Figuren, die angezogen waren. Diese Figuren hatten genau dieselben Bewegungen wie die Menschen, nur dass sie unbeweglich waren. Einige hatten blonde kurze Haare im Herrenschnitt, die trugen Sportskleidung und wenn man näher hinsah, glaubte man, sie hätten sich bewegt. Aber sie lächelten nur freundlich weiter. Sie standen alle auf einem kleinen Holzkatheder: Und daran konnte man immer wissen, dass es Puppen waren. Aber nein, auch das stimmte nicht; denn dort an der Ecke stand erhöht eine Dame zum Aufpassen, die sah gerade zu ihnen herüber. Was wollte sie nur? Sie guckte bald hierhin bald dorthin; aber immer nach einiger Zeit zu ihnen zurück. Sie taten doch nichts! Nicht einmal von dem Parfüm hatten sie etwas gekriegt, und dabei müsste das doch erlaubt sein. Woher mochte die Freundin von der Frau des Schaffners wohl das Parfüm gekriegt haben?

Sie saßen schon eine ganze Weile, aber in der Zeit hatte noch nicht ein einziger Erwachsener sein Taschentuch an den Brunnen gehalten. Da, jetzt schaute sie wieder, nein, sie waren gar nicht gemeint, sondern am andern Ende der Bank saß eine sehr schöne Figur, ein junger Herr, mehr ein großer Junge. Der war wundervoll angezogen. Aus seiner Tasche guckten ganz neue Handschuhe. Als Nickelmann ihn richtig angucken wollte, merkte sie, er war lebendig. Er saß nur so still, weil er müde war. Vielleicht war es ihm auch nur langweilig. Er hatte sehr langes hellblondes Haar und deshalb glaubte man zuerst, er wäre eine Puppe, eine schöne Puppe mit großen dunkelblauen Augen. Er sah ein wenig traurig aus, so als hätte er etwas verloren. Aber seine Mutter konnte er nicht verloren haben, dazu war er zu groß. Höchstwahrscheinlich würde er sehr vergnügt werden, wenn er wüsste, dass man sein Taschentuch an dem Parfümspringbrunnen einspritzen dürfte, und wenn er lang genug dazu wäre, könne er für sie beide gleich mit sorgen. Nun lag es ja gar nicht in Nickelmanns Charakter, lange herumzuknobeln, sie stand auf und ging zu dem Herrn. Obwohl er kurze weite Hosen trug und ganz wie ein großer Junge aussah, wusste Nickelmann eben doch, dass er ein Herr war. Sie fragte ihn, ob er wüsste, ob man sein Taschentuch in das Parfüm tauchen dürfe. Er antwortete, gewöhnlich stehe dran, wenn etwas verboten sei, und hier stünde nichts davon. Er stand auf und ging mit Nickelmann rund um den Brunnen. „Warte, mir kommt ein Gedanke", sagte er, und ging zu jener Aufsichtsdame, mit der er sehr liebenswürdig, die Mütze in der Hand, eine Weile sprach. Sie lächelte, dann zuckte sie die Achseln, dann stieg sie vom Podium und guckte lange um die andere Ecke, dann lächelte sie wieder, stieg auf ihr Podium zurück und nickte.

Der Junge kam zu ihnen, nahm erst Nickelmanns Handschuhe, dann die graue kleine Baskenmütze, dann das Taschentuch von Marianne und tränkte alles ordentlich an dem jetzt rosa glitzernden Parfümwasser. Nickelmann war ganz außer sich vor Freude. Es roch herrlich, ein bisschen wie Lavendelseife und ein bisschen Kölnisch Wasser. Der Herr hieß Thomas, er ging schon zwei Jahre nicht mehr in die Schule. Er war mit seiner Schwester im Kaufhaus, die kaufte einen Seidenrest und das war für Thomas zu langweilig geworden. Er meinte, wenn er am Seidenkasten stehengeblieben wäre, hätten ihn die wütenden Weiber schon zerrissen.

Nickelmann war sofort interessiert: „Wo sind die Kisten mit den wütenden Weibern? Da wollen wir hin."

Thomas wollte lieber auf der Bank sitzen bleiben. Da verabschiedeten sich die beiden mit vielem Dank. An der Treppe drehten sie sich noch einmal um. Er saß wieder in seiner Ecke wie eine stille schöne Figur.

NEUNTES KAPITEL

DIE KISTE MIT DEN WILDEN WEIBERN

Mittlerweile war es fünf Uhr geworden. Sie stiegen ins Erdgeschoss hinunter, um an die Kisten mit den wilden Weibern zu gelangen. Thomas hatte recht gehabt, es war ein unbeschreiblicher Tumult. Die Kisten standen auf hohen Beinen und hatten einen breiten Rand, damit nichts herausfallen konnte. Sie waren wie Tische mit hohen Rändern. Drinnen waren Berge von Seidenresten aufgestapelt, alle Farben, alle Sorten und immer verschieden lang. Um die Kisten stand jedes Mal ein dicker Kranz von Frauen, die hinteren versuchten mit den Armen über die vorderen hinwegzugreifen, die vorderen wurden dann böse, wehrten sich mit den Ellenbogen und schimpften. Einige, die ganz vorn standen, waren in der Kiste untergetaucht so wie die Enten beim Grundeln. Manchmal tauchten sie aus der Seidenrestflut mit ganz verrutschten Hüten wieder auf. Sie beförderten dann überraschend neue Farben und Bündel nach oben, die von den Nächststehenden mit Gier ergriffen wurden. Die Seide wurde befühlt, der Preis gelesen und das Maß, dann wurde das Stück fortgeschleudert. Der Nächste schnappte zu. So ging jeder Seidenrest von Hand zu Hand, wurde manchmal eine kurze Weile durch ein Lorgnon besehen oder mit einem bereitgehaltenen anderen Flicken verglichen und flog dann weiter.

Diesmal war es ein Glück, dass Nickelmann und Marianne nur so klein waren. Mit ein paar geschickten Schwimmstößen standen sie so weit vorn, dass das Kistenbrett ihnen bereits in die Brust schnitt. Soweit kamen nicht einmal die Verkäuferinnen, die standen in dieser Abteilung vielmehr bescheiden im Hintergrund. Dort warteten sie, bis manchmal eine Dame mit einem Seidenrest ankam, den sie wirklich kaufen wollte. Aber das kam selten vor.

Plötzlich erweiterten sich Nickelmanns erschreckte Augen, dann suchten ihre Blicke Marianne und sie wusste sofort, Marianne hatte es auch gemerkt. An ihrer linken Seite stand eine ältere magere Dame, sie hatte einen braunen Pelzmantel an, der stand wegen der Wärme vorn offen, Die eine Hand hielt sie oben im Rockbund, dessen Gummiband ganz weit gemacht wurde. Mit der anderen Hand stopfte sie einen dicken Rest schwarzen Crêpe de Chine in die Öffnung. Sicher rutschte das Päckchen Seide in den Schlüpfer und sie würde auf diese Weise einen ganzen Sack voll Herrlichkeiten nach Hause schleppen. Die beiden starrten wie gebannt hin. Die Dame schien gewiss nicht arm, aber sie machte alles so geschickt, als ob sie es jeden Tag übte. Sie hatte große braune Augen, die gierig glitzerten.

Nickelmann meinte, das Herz würde ihr stillstehen. Oder im nächsten Moment schon müsse irgendetwas Grässliches passieren. Jetzt hatte die Dame einen weißen Stoff prüfend in der Hand. Sie sah sich wie von ungefähr nach allen Seiten um, als suche sie die Verkäuferin oder eine Bekannte und dabei tat sie wieder ihren seltsamen Sack auf und wollte den weißen Stoff hinter dem schwarzen herschicken. Ihre Augen flackerten dabei. Als die Seide fast verschwunden war, trat wie aus dem Erdboden gewachsen eine Aufsichtsdame herzu, legte ihr die Hand auf die Schulter und sagte so, dass Nickelmann es deutlich hören konnte: „Gnädige Frau, ich muss Sie bitten, ohne Aufsehen zu erregen mit mir zu kommen!"

Die Frau drehte sich um, wurde ganz bleich und sagte mit zitternden Lippen: „Was denn? Was denn? Was wollen Sie von mir?"

Als sie aber merkte, dass die nächsten Umstehenden schon aufmerksam wurden, ging sie schnell neben der Aufsicht fort. Nur wenige Menschen wussten, dass dort eine Diebin abgeführt wurde; aber Nickelmann und Marianne wussten es genau. Sie waren im Gesicht genau so weiß wie die Diebin, und im Magen war ihnen sehr schlecht. Mein Gott, was würde weiter mit der Frau geschehen? Kam sie ins Gefängnis? Und wenn sie einen Mann und Kinder hatte, was würden sie sagen? Warum hatte sie es getan?

Jetzt verschwand die Aufsichtsdame mit der Diebin hinter einer Tür, an der stand: Eintritt verboten! Wie oft hatten sie das schon erlebt! Gerade, wenn es interessant wurde, wurde ihnen die Tür vor der Nase zugeklappt und da standen sie! Selbstverständlich warteten sie eine ganze Weile, in der Hoffnung, es würde sich irgendetwas ereignen. Aber wie sehr sie auch auf die Tür starrten, sie blieb verschlossen. Und hören konnten sie auch nichts, denn um sie drängten sich die Menschen mit ihrem lärmenden Geschwätz.

Da zogen sie ab. Aber morgen Abend, wenn um vier Uhr das Achtuhrabendblatt käme, würden sie Herrn Mietke bitten, es vorzulesen, und sicher würde die heutige Ge-

Da verschwand die Aufsichtsdame mit der Diebin hinter einer Tür, an der stand: Eintritt verboten!

schichte unter der Überschrift: „Warenhausdiebin“ darinstehen. Dann würden sie auch erfahren, warum diese Frau, die doch einen so feinen Mantel trug, den Stoff genommen hatte. Ob sie vielleicht ein bisschen verrückt gewesen war? Denn dass irgendetwas an dieser Geschichte sehr seltsam war, hatten sie beide gleich gedacht.

Sie zählten nochmals ihr Geld, es war noch alles da. Marianne hielt im roten Ledertäschchen ihre 1,75 Mark und Nickelmann klapperte in der Manteltasche mit ihren 1,85 Mark. Da gingen sie in die Abteilung für Grammophonplatten, dort wollte Marianne die englische Humpty-Dumpty-Platte kaufen für Stefans Geburtstag. Es stellte sich aber zur großen Entrüstung der Kinder heraus, dass diese Platte auch durch den Ausverkauf um keinen Pfennig billiger geworden war. Das kam, weil sie aus England stammte. Marianne war traurig, aber Nickelmann sagte, sie hätten bis zum Geburtstag ja noch drei Wochen Zeit und in der Zeit würde ihnen schon etwas einfallen, worüber sich Stefan auch freuen würde und was 1,75 Mark kostete.

Sie wurden von dem Lärm, von der schlechten Luft und von der Fülle der Sachen immer müder. Geschenkt wurde jedenfalls nichts. Das vierte Paar Söckchen, das geschenkt werden sollte, erhielt nur der, der drei Paar gekauft hatte. Einen Riesenballon kriegten nur die Mütter für ihre Kinder, die schon für drei Mark eingekauft hatten. Dass sie beide an einer Kasse je einen kleinen Affen aus braunem Samtstoff erhielten, lag nur daran, dass sie eine Weile müde neben einer Dame gestanden hatten. Die hatte ihre großen Einkäufe bezahlt und musste dann schrecklich darüber lachen, dass die Kassiererin die beiden Mädchen irrtümlich für ihre Kinder gehalten hatte. Die Kassiererin war so böse, als hätten die beiden Kinder sie betrogen. Sie fragte in barschem Ton: „Zu wem gehört ihr denn?“ Da machten die beiden, dass sie wegkamen. Sie hatten auch genug von dem Treiben.

Draußen gingen sie wieder an den Hunden vorbei. Es waren schon lauter neue. Der kleine weiße Lockenpudel war längst daheim in seinem Körbchen. Auch das verlorengegangene Mädchen hatte die Eltern wiedergefunden. Es war nicht mehr da.

Auf der Straße war eine märchenhafte Lichtfülle, alle Fassaden voll Lichtreklame, laufende farbige Streifen, sternenförmige Bündel, laufende Bänder. Auf den Dächern flimmerten abwechselnd neue Bilder und Inschriften. Sie standen manchmal auf ihrem Weg zur Haltestelle still und lasen: Und abends in die Skala, Deutsche trinkt deutschen Wein, Leiserschuhe.

Ganz wunderbar war der kirchenähnliche Untergrundbahnhof. In den fuhren die Bahnen, die eben vorher aus der Erde gekommen waren, donnernd hinein. Auf der anderen Seite fuhren sie oben in der Luft weiter auf einer hohen Brücke bis zum Bülowplatz. Unter dem Bogen stand eine alte Frau mit ihrem Blumenwagen. Sie hatte den ganzen Wagen voll Mimosen. Die dufteten sehr stark. Marianne und Nickelmann erinnerten sich dabei an den Parfümspringbrunnen. Nickelmann nahm die Baskenmütze vom Kopf und roch. Ja, sie duftete noch herrlich, und wenn sie Glück hätte, würde man im nächsten Jahr um diese Zeit noch den Ausverkauf an der Mütze merken können.

Den Schaffner haben sie nicht wieder getroffen. Derjenige, der sie auf der Heimfahrt bediente, hatte keine Lust mehr, höflich zu sein. Er sagte gerade zu einem Herrn: „Ja, die ersten Stunden im Dienst, da mag das angeh'n. Aber bei acht Stunden, das sollen uns die Herren Stadtväter erst mal vormachen!"

Das war Nickelmann ganz aus der Seele gesprochen.

ZEHNTES KAPITEL

DER VERWEINTE EINBRECHER

Schon lange Tage war Ostwind und eisige Kälte. Es war nur ein Glück, dass Fräulein Franke einen Pelzkragen zu Weihnachten gekriegt hatte, sie war schon die ganze Woche heiser und konnte nur flüstern. Die Menschen blieben gern zu Haus und nur, wenn jemand zu seiner Arbeitsstelle musste, lief er mit hohem Kragen und warm verwahrten Händen die Straße entlang. Am Arbeitsamt hatte die Mutter viel zu tun. Immer mehr merkte Nickelmann, wie schwer der Beruf der Mutter war. Am besten hatte es Hulle. Morgens hüpfte er mit vorsichtigen Pfoten über die Straße und legte sich bei Herrn Mietke an die warme Stubenwand. Aber Herr Mietke, der doch sonst immer vergnügt gewesen war, hatte Sorgen. Die Kohlen für die Heizung gingen auf die Neige. „Wer soll denn diese neue Kohlenrate bezahlen?", fragte er jammernd, „vielleicht die arme, alte Frau im zweiten Stock? Oder die beiden Malerinnen, die beim Schlachter noch kein Pfund Fleisch gekauft haben? Oder gar Frau Linde, die jeden Pfennig so mühselig verdienen muss?"

Nickelmann saß am Fenster und las Tom Sawyer, den hatte Stefan ihr geborgt. Die Tante trank ihren Kaffee in der Sofaecke. Nur gut, dass sie zu Weihnachten die braune wollene Jacke gekriegt hatte. Mit einem Male stellte sie die Tasse hin und lauschte.

„Hast du was gehört, Nickelmann?", fragte sie ängstlich. Nickelmann hatte nichts gehört; weil sie aber wusste, wie bange die Tante war, legte sie das Buch auf den Stuhl und ging hinaus, um nachzusehen. Die Tante kam vorsichtig hinterher. Nickelmann schloss die hintere Korridortür auf und lauschte hinaus. Da standen sehr aufgeregt im Treppenhaus Herr Mietke und der Herr unten aus dem Verlag. Gegenüber kamen die beiden Malerinnen zum Vorschein. Der Herr erklärte aufgeregt: „Aber Herr Mietke, nehmen Sie doch Vernunft an. Ich hab's mit meinen eigenen Augen gesehen. Es war ein kleiner rothaariger Mann, er ging gebückt und ehe ich recht hingucke, ist er hier hinten die Treppe rauf."

„Quatsch!", sagte Herr Mietke ungerührt, „in unserem Hause ist kein Einbrecher, den würde ich gesehen haben!"

Der Verlagsherr weinte nun beinah. Er bot Herrn Mietke aufgeregt eine Zigarre an. „Was ich Ihnen sage", zitterte er, „glauben Sie es mir doch. Ich hab ihn gesehen!" Herr Mietke zündete die Zigarre an.

Sie gingen alle bis zum Boden. Herr Mietke schloss die Bodentür auf, er ging immer voran. Dann kam der Verlagsherr, dann die Tante, zuletzt Nickelmann. Die beiden Malerinnen blieben in ihrer offenen Tür stehen und wagten sich nicht ohne Herrn Mietke in die Wohnung zurück. Sie fanden nichts. Herr Mietke lachte, der Herr, der ihn alarmiert hatte, weinte beinah vor Wut und Angst. Er behauptete immer wieder, er habe den Einbrecher gesehen. Nach und nach wurde es ihnen allen langweilig. Herr Mietke verbot dem Herrn, die Polizei zu rufen. „Was hier im Hause zu bewachen ist, mein Herr, das bewache ich allein! Albrecht Mietke ist mein Name."

Nach und nach beruhigten sich die Teilnehmer der Expedition und kehrten in die jeweiligen Wohnungen zurück.

Abends spät kehrte die Mutter heim. Sie trank ganz spät noch eine Tasse heißen Tee und ließ sich von der Tante die Begebenheiten des Nachmittags erzählen. Aber mitten im Erzählen, es war fast zwölf Uhr nachts, sagte die Mutter: „Sei mal still, was mag das sein?" Sie lauschten an der hinteren Tür, es klang, als ob irgendjemand weine. Dann rutschte etwas herum, es konnte nicht fern von der hinteren Tür sein.

Die Mutter ging ganz ruhig ins Wohnzimmer, machte die Tür hinter sich zu und ließ sich vom Amt mit Herrn Mietke verbinden: „Hören Sie", sagte sie mit freundlicher und bestimmter Stimme, „hier oben in der Wohnung ist irgendein menschliches Wesen, aber nach den Geräuschen zu urteilen, ist es ganz ungefährlich. Wir wollen keinen großen Lärm machen, damit niemand unnütz aufwacht. Kommen Sie herauf, ich mache hinten die Tür auf. Bringen Sie aber auf jeden Fall eine Waffe mit." Die Tante erschrak furchtbar, aber sie sagte nichts.

Es dauerte kaum fünf Minuten, da hörten sie Herrn Mietke auf der hinteren Treppe heraufsteigen. Er hatte das Licht eingeschaltet bis ganz oben hin. Frau Linde hatte kaum die Tür geöffnet und nach der Richtung gespäht, woher das schwache Schluchzen gekommen war, als sie ihre rechte Hand nach oben nach dem Querbalken ausstreckte und rief: „Armer Kerl, komm herunter, wir tun dir nichts!"

„Mein Gott, mein Gott, Junge, du armer Kerl", sagte nun auch der ganz verdutzte Herr Mietke und streckte seine Arme aufwärts. „Komm, lass dich einfach herunterrutschen in meine Arme."

Und herunter rutschte ein ganz verweinter und beschmutzter Junge von etwa vierzehn Jahren. Er war so unglücklich und ängstlich, er sah so verhärmt aus, dass die Mutter sagte: „Sag nichts, mein Junge, komm, erst wollen wir mal reingehen." Da gingen die drei in die Küche.

Die Mutter schenkte ihm Tee ein und schnitt ihm ein paar dicke Stullen ab. Der Junge war furchtbar ausgehungert. Die Hände zitterten ihm. Er hatte rote Haare, die hingen ihm schräg ins Gesicht. Die Augen waren geschwollen und die Hände vom Frost aufgesprungen. Er sagte nichts, nur merkte man an seinen Augen, dass er vor Angst beinah gestorben wäre. Frau Linde ließ Badewasser ein und sagte, er solle mal erst baden. Die Tante brachte ein Nachthemd und machte auf dem Sofa in der Wohnstube ein Lager. „Wir werden ja hören, Herr Mietke, er ist sicher irgendwo ausgekniffen. Die Hauptsache ist, er schläft erst mal!"

Als der Junge zum Vorschein kam, sah er schon zutraulicher aus. Er erzählte, er sei aus der Fürsorge weggelaufen, viele Meilen vor Berlin. Dort in der Fürsorge habe man ihn so geprügelt.

Herr Mietke fragte aufgeregt, ob das nicht in der Republik verboten sei? Aber da zeigte der Junge seinen Rücken und da sagten die beiden Erwachsenen kein Wort mehr, so sind sie erschrocken.

Frau Linde war ganz blass geworden. „Nun leg dich erst mal schlafen, mein Junge, morgen werden wir weitersehen."

Herr Mietke und Frau Linde berieten noch eine Weile in der Küche, was am andern Morgen geschehen solle.

Endlich einigten sie sich dahin, dass der Junge erst mal mit zum Arbeitsamt kommen solle, von dort wolle die Mutter mit dem Jugendamt telefonieren.

Als Herr Mietke unten wieder in sein Bett kroch, war seine Frau natürlich sehr neugierig, was da oben los gewesen wäre. Aber Herr Mietke meinte nur schlaftrunken: „Die Frau Doktor Linde, alle Hochachtung!“ Damit drehte er sich auf die andere Seite und schlief ein.

Seine Frau hörte ihn in dieser Nacht furchtbar stöhnen, sie weckte ihn auf. Er murmelte: „Scheußlich, ich habe geträumt, ich wär in Fürsorge!“

„Mein Gott, du wirst dich im Treppenhaus erkältet haben“, meinte Frau Mietke, stand auf und wickelte die Füße ihres Mannes in eine wollene Decke. Bald war er wieder fest eingeschlafen.

ELFTES KAPITEL

DAS ARBEITSAMT

Der Frost dauerte noch an. Am andern Morgen, sehr früh, stieg Herr Mietke mit einer alten dicken Jacke auf dem Arm die Treppe hinauf zu Lindes. Er hatte richtig geraten. Bei Lindes saßen alle vier am Frühstückstisch und Frau Linde überlegte gerade, wie sie ihren Einbrecher gegen die grimmige Kälte schützen könne. Die braune Wolljacke brauchte Tante Susa wirklich selbst. Da kam die dicke Joppe von Herrn Mietke wie vom Himmel.

Der fremde Junge war noch immer sehr ängstlich, er sprach kaum, aber wenn Frau Linde von einem Zimmer in das andere ging, folgte er ihr so weit wie möglich mit den Augen, als bestünde Gefahr, dass der einzige Mensch, von dem er sich Hilfe versprach, ihm wieder verloren gehen könne. Der Junge hieß Kalli Murks. Nickelmann hatte sich nicht wenig gewundert, als die Mutter ihr ganz früh auf dem Bettrand die Geschichte von Kalli Murks erzählt hatte.

Leider mussten sie sich jetzt alle trennen, natürlich war es Nickelmann an diesem Morgen besonders schwer, zur Schule zu gehen. Aber die Mutter sagte: „Es hilft mir gar nichts, wenn du dabei bist. Und du kannst auch dem

Kalli nicht helfen. Geh lieber in die Schule." Da ging Nickelmann traurigen Herzens ab. Etwas später machte sich auch die Mutter mit ihrem Schützling auf den Weg. Die Ärmel von der Jacke wurden umgekrempelt, weil sie viel zu lang waren und über die Ohren zog er Nickelmanns alte Strickmütze, die, über die sich Stefan schon vor langer Zeit totlachen wollte. Die saß warm um die Ohren.

Als die Mutter sich im Korridor den Mantel anzog, wurde Kalli Murks sehr unruhig. „Ich hab ein Rad geklaut, Frau Linde", sagte er leise.

„Wir werden schon herauskriegen, weshalb", sagte die Mutter tröstend.

Kalli Murks seufzte tief.

„Ich hab es für zwanzig Mark verkloppt", murmelte er kleinlaut. Die Mutter sah ihn an.

„Wozu brauchtest du das Geld denn?", fragte sie freundlich.

„Ich hatte eine Braut, mit der bin ich ins Kino gegangen, als ich im Herbst ausgekniffen bin."

Sie gingen nun zusammen die Treppe hinunter. „Wie oft bist du ausgekniffen?"

„Dreimal, aber sie haben mich immer gefasst."

„Wir werden mal sehen, ob wir das in Ordnung kriegen", meinte die Mutter. Sie fuhren zuerst auf das Arbeitsamt. Dort musste die Mutter erst alle Arbeiten gut verteilen, dann rief sie am Jugendamt an und teilte mit, dass sie Kalli Murks bringe. Später fuhr sie mit Kalli in das Jugendamt, wo Kalli hingehörte; er stammte nämlich aus Berlin.

Das war gut, denn wenn er nicht aus Berlin gewesen wäre, hätte die Mutter längst nicht so gut sorgen können, wie sie jetzt tat. Als Herr Knippers am Jugendamt die

Das Kino ist aus. Kallis Braut musste nach Haus.
Wo wird er schlafen? Wo wird er sich wärmen?

Mutter mit Kalli eintreten sah, wurde sein dickes Gesicht ganz böse und faltig.

„Na, Murks, da haben wir dich ja wieder; aber das garantiere ich dir, es war das letzte Mal, dass du ausgekniffen bist!"

Kalli sah ihn trotzig an. Sein Gesicht war auch böse und faltig. Frau Linde musste aber wohl irgendetwas Besonderes an sich haben, denn als sie längere Zeit mit Herrn Knippers gesprochen hatte, brummelte er vor sich hin: „Hm, hm, mja, mja ... Na ja, man kann ja sehen – was Sie nicht sagen ..." Und dann gingen sie in ein kleines Zimmer und Herr Knippers nahm die Protokolle „Karl Murks" mit.

Die Mutter konnte aus dem Protokoll die Geschichte von Kalli sehen. Und wenn auch die Mutter schon viel Trauriges erlebt hatte, so meinte selbst sie, dass das, was Kalli erlebt hatte, für einen kleinen Jungen von vierzehn Jahren zu viel gewesen wäre. Sein Vater war lange Jahre arbeitslos gewesen, er hatte im Krieg einen Arm verloren und konnte deshalb schwer eine Beschäftigung finden. Seine Rente war ganz klein. Sie reichte nicht aus, um davon zu leben. Meistens war er betrunken. Dann schlug er seine Frau und seine fünf Kinder. Die Mutter ging fast täglich fort, um etwas Geld zu verdienen. Kalli war der Älteste, er hatte sich immer auf der Straße herumgetrieben, da gefiel es ihm besser, als zu Hause in dem Elend. Er hatte mit einigen Freunden in Läden Esswaren und auf der Straße Fahrräder gestohlen. Davon wollte er reich werden. Dabei war er einige Male erwischt worden und der Lehrer hatte dafür gesorgt, dass er in Fürsorge kam.

Damals hatte Kalli nichts dagegen gehabt, weil der Lehrer immer nett mit ihm gewesen war und gesagt hatte:

„Weißt du, in Fürsorge ist es am besten für dich. Das heißt Fürsorge, weil sie da gut für dich sorgen. Du kannst ein Handwerk lernen." Aber viel später hat Kalli gemerkt, dass der Lehrer gar nicht gewusst hat, wie es wirklich in der Fürsorge zugeht. Niemals hätte der Lehrer sonst dafür gesprochen, dass er dorthin gekommen wäre. Aber als er seinem Lehrer einmal geschrieben hatte, wie es in der Fürsorge nun wirklich war, da hatte der Hausvater den Brief gelesen und hatte Kalli verprügelt. Hinterher hatte er Arrest gekriegt.

„Aber hast du dir denn nicht gedacht, dass sie dich wieder kriegen werden?", fragte die Mutter zum Schluss.

„Schlimmer konnte es ja gar nicht werden", sagte Kalli.

Herr Knippers kam mit einem fremden Herrn wieder, der Frau Linde sehr herzlich begrüßte. Dann sah er sich Kalli an. Kalli fand ihn komisch, er war klein und dünn und trug eine Hornbrille. Ein bisschen sah er aus wie ein neugieriger Vogel. Endlich, nachdem er die Geschichte von Kalli zu Ende gehört hatte, sagte er: „Mut hat er ja, da wollen wir mal sehen. Die Hauptsache ist, wir können ihm Arbeit gehen. Wenn jemand gute Arbeit hat, kommt er nicht auf dumme Gedanken."

„Übrigens", fuhr er fort und entfaltete die B. Z., „haben Sie schon die herrliche Geschichte gelesen, von dem Mann, der Arbeit gekriegt hat?" Nein, alle drei kannten die Geschichte nicht. Da las der Mann mit der Hornbrille die Geschichte vor: Ein Mann, der zwei Jahre arbeitslos war, kriegte durch einen glücklichen Zufall Arbeit. Er ist so unbeschreiblich selig darüber, dass er dem ersten Menschen auf der Straße vor Glück um den Hals fällt. Das war leider ein Schulmädchen von vierzehn Jahren. Das schrie vor Schreck, weil es gar nicht wusste, was der Mann wollte. Da kam gerade der alte Rektor aus der Schule herzu, der fasste den Glücklichen am Kragen, rief den Schutzmann und ließ den „Mädchenräuber", wie er meinte, auf die Wache schleppen. Da musste er warten, bis seine Wirtin kam und erklärte, dass alles wahr war.

Alle drei mussten laut lachen, als sie sich das vorstellten. Der Doktor mit der Hornbrille steckte die Zeitung wieder in die Tasche und sagte dann zu Frau Linde: „Also, abgemacht, der Junge kommt die nächsten Wochen Dienstag und Freitag eine Stunde zu mir. Am Arbeitsamt kann er wohl in die Tischlerei. Nun ist nur noch das Schlimmste, wo soll er wohnen?"

„Wir können gar nichts für ihn tun", sagte Herr Knippers schnell, „wir haben auch gar keine Mittel. Alles kann der Staat auch nicht!"

Frau Doktor Linde saß und grübelte. Eigentlich würde er ja prächtig zu Herrn Mietke passen. Da wären sie zwei Männer gegen Frau Mietke. Und Herr Mietke würde sich darüber freuen. Bei allen schweren Arbeiten hätte er Hilfe. Und wenn er abends im Verband wäre, dann hätte Frau Mietke Gesellschaft. Und allen wäre geholfen. Nur das Allerschwerste war, ob Frau Mietke jemals die Einwilligung geben würde, dass in ihrer guten Stube ein Bett stünde? Das war nicht anzunehmen. Darum würde wohl aus dem Plan nichts werden können. Die gute Stube war Frau Mietkes ganzer Stolz.

Frau Linde nahm sich vor, diese Angelegenheit heute Abend mit Mietkes zu besprechen.

Es traf sich sehr gut, dass der Doktor mit der Hornbrille Zeit hatte. Er nahm Kalli mit in seine Wohnung und versprach, für ihn zu sorgen, bis Frau Linde ihn abends dort holen würde. Da freuten sich alle, dass die Angelegenheit so weit gediehen war, und als sie hinausgingen, sagte selbst Herr Knippers: „Nun, Murks, was habe ich gesagt, es ist das letzte Mal, dass du ausgekniffen bist!“

Herr Knippers war eben gewohnt, immer das letzte Wort und immer recht zu haben.

Frau Linde sprach mit Frau Mietke. Am Abend siedelte Kalli Murks zu Mietkes über. Frau Mietke machte ihm selbst das Bett; Nickelmann hatte geholfen, die schwere Bettstelle vom Boden zu holen und die Malerinnen hatten einige Kissen gebracht, die sie gut entbehren konnten. Das ganze Haus nahm teil an dem Segen, der Mietkes widerfahren war, mit Ausnahme von dem Verlagsherrn, der meinte, er wüßte ja nun in Zukunft, wenn etwas gestohlen würde, wo der Dieb wohnte. Aber da hättet ihr Frau Mietke in ihrer neuen Mutterwürde sehen sollen!

„Wenn unser Kalli jemals Ihr Blatt lesen würde, hätte ich nur Mitleid mit ihm!“, sagte sie wörtlich. „Und was sollte er bei Ihnen schon viel stehlen?“, sagte sie wegwerfend, „alles, was der Junge braucht, kriegt er natürlich! Da hat er es nicht nötig zu klauen! Höchstens, wenn er krank wäre. Und dann ginge ich sofort mit dem Jungen zum Arzt.“ Damit machte sie die Türe zu. Sie hatte große Eile, die Erbsensuppe aufs Feuer zu setzen. Um sieben sollte er kommen und es war schon sechs Uhr geworden. Wie rasch die Zeit vergangen war. Und zum ersten Male seit vielen Jahren hörte man Frau Mietke leise singen. Es klang gewiss nicht richtig gesungen, aber das war kein Wunder, sie hatte zu selten in ihrem Leben gesungen.

Alle Bewohner des Hauses, ausgenommen der Verlagsherr, nahmen an Kallis Einzug den wärmsten Anteil. Besonders beliebt war er bald bei den beiden Malerinnen. Wenn sie große Gemälde auf Ausstellungen schickten, riefen sie nach Kalli. Er konnte bald packen und vernageln wie ein Meister. Die ältere Malerin fand, Kalli habe so wunderbare goldene Haare, dass sie ihn gern gemalt hätte. Aber dazu hatte er keine Zeit. Auch hätte es Frau Mietke nie erlaubt, weil sie fürchtete, davon würde er eitel. Genau so wenig erlaubte sie, dass Kalli jemals für den Verlagsherrn irgendeine Arbeit tat. Und als sie ihm erzählt hat, warum sie es nicht haben wollte, stimmte Kalli ganz mit seiner neuen Mutter überein.

ZWÖLFTES KAPITEL

COWBOY, SCHORNSTEIN-FEGER UND LIBELLE

Es war Sonnabendnachmittag. Kalli und Hulle standen vor der Tür, als Stefan vorbeistürmte, um ein Auto zu besorgen. Er sah seltsam genug aus. Er stellte einen Schornsteinfeger dar. Mit anderen Worten, er war von oben bis unten in schwarzen Trikot gesteckt und auf dem Kopfe hatte er einen ulkigen Zylinder. Die dazugehörige Leiter und der Ruß, mit dem er sich an Ort und Stelle erst beschmieren wollte, waren noch in der Wohnung. Aus allen Türen guckten die Bewohner heraus, lachten und riefen. Nickelmann war mehr im Treppenhaus als in der Wohnung, denn sie musste außer an ihren eigenen Anzug auch noch an Marianne denken. Sie hatte ihr fest versprochen, bei allen Dingen zu helfen. Und Nickelmann pflegte ja alle Versprechungen sehr ernst zu nehmen.

Sie flog also treppauf, treppab. Sie war schon fertig, sie ging als Cowboy. Acht Tage hatte sie jeden Nachmittag auf eine braune alte Leinenhose seitlich bunte Flicken genäht, dafür war der Anzug jetzt auch prächtig. Sie trug ein offenes Leinenhemd von Stefan. Auf der Brust vorn im Ausschnitt hatte ihr Stefan einen großen Fisch hin tätowiert mit Tintenstift, und auf dem Kopf trug sie von Tante Käte einen wagenradähnlichen Hut. Im Gürtel steckte ein gefährliches Messer. Tante Susa hatte sehr gefleht, doch nur das kleine lederne Etui für das Messer anzubinden. Aber da war Nickelmann sehr heftig geworden und hatte Tante Susa zu verstehen gegeben, dass sie noch keinen Cowboy gesehen habe, der nur so täte, als hätte er ein Messer! Das sei Betrug! Und es sei ganz ausgeschlossen, dass ein Betrüger den ersten Preis kriege.

Dagegen konnte Tante Susa nichts sagen und so trug Nickelmann das Messer im Etui. Im Festlokal würde sie sich noch einen kleinen Schnurrbart anmalen. Stefan hatte versprochen, dabei zu helfen. Nickelmann war der Ansicht, sie würde sich mit dem Schnurrbart viel doller amüsieren als ohne. Und amüsieren wollte sie sich heute ganz gewiss! Den Preis aber, den Schönheitspreis, den müsste Marianne kriegen. Denn wenn sie ihn nicht kriegte, würde ihnen allen dreien das ganze Fest verdorben werden. Marianne rechnete ganz bestimmt damit, und Stefan und Nickelmann würden alles tun, damit sie nicht enttäuscht würde.

Marianne sah süß aus! Von der Großmutter hatte sie zu Weihnachten ein hellblaues Kleidchen mit vielen Volants gekriegt. Alle Volants schwippten bei jedem Schritt. Kreuzweis gebunden war ein blaues Samtband, daran waren auf dem Rücken zwei reizende Libellenflügel angebracht. Die hatte Stefan gemacht. Es waren Drahtgestelle ganz mit Silberband umwunden. Sie musste ganz behutsam gehen, dass die zarten Flügel nicht zerdrückt wurden. Auf dem Kopf hatte sie zwei feine elastische Fühler aus silbernem Draht. Die weißen Strandschuhe vom vergangenen Sommer waren blau gefärbt und mit einem Samtband über dem Strumpf hochgebunden. Selbst Stefan, der sich doch aus

Putz gar nichts machte, hatte gesagt, es wäre das Feinste, was er seit langem gesehen.

Das Kinderfest war von einem großen Verlag eingerichtet. Es hatte in der Zeitung gestanden, und an allen Litfaßsäulen hingen Plakate als Einladung für die Kinder, auf das Fest zu kommen. Es kostete gar nichts. Das musste wohl eine sehr gute Zeitung sein, die daran dachte, dass sich die Kinder im Februar auch mal gerne amüsieren möchten. Gerade im Februar! Das hatten die Zeitungsleute gut ausgedacht! Es war nichts Rechtes los in diesen Wochen. Weihnachten war vorbei und bis zum Frühling dauerte es noch lange. Es war wirklich freundlich von der Zeitung, an was die alles gedacht hatten!

Die Königin des Festes sollte einen Preis erhalten. Es war ein kleiner lebendiger Dackel! Und man wurde mit dem Dackel fotografiert und kam in die Zeitung! Marianne würde dann den Dackel auf den Arm nehmen und ihn streicheln, und in dem Augenblick würde sie fotografiert werden. So hatten sie es sich ausgemalt.

Da kam Stefan mit dem Taxi. Der alte dicke Schofför lachte, als sie vor dem Hause hielten und Stefan heraussprang. Kalli lachte auch. Da kamen sie alle aus der Haustür. Frau Linde und Mariannes Mutter wollten wenigstens dabei sein, wenn sie abfuhren. Nach vier Stunden würden sie die Kinder wieder abholen. Das Fest dauerte von fünf bis acht.

Es war sehr schwer mit den Libellenflügeln einzusteigen. Wenn Stefan sie nicht selbst gemacht hätte, hätte er gewiss nicht so geschickt damit umzugehen verstanden. So klappte er sie ganz vorsichtig zusammen, und Marianne musste vorn am Rande auf dem Samtsofa sitzen. Nickelmann und Stefan saßen vor ihr. Die kleine Leiter nahm der Schofför mit nach vorn. Endlich ging die Fuhre los. Aus allen Fenstern winkten die Mitbewohner und Hulle bellte erfreut. Er lief ein Stückchen neben dem Auto her, bis Kalli ihn zurückrief.

Vor dem Eingang des riesigen Hauses, in dem das Kinderkostümfest stattfinden sollte, stauten sich die Wagen. Viele Kinder kamen zu Fuß, oder mit der Straßenbahn, die liefen zwischen den Wagen durch in die Tür. Endlich fuhr auch ihr Wagen vor dem Portal vor. Ein großer Junge in einer Uniform mit goldenen Litzen öffnet und ließ sie aussteigen. Stefan nahm die drei Mäntel und das Paket, Nickelmann bezahlte und ergriff die Leiter. Sie hatten sich alles genau überlegt und eingeteilt. Natürlich konnte Marianne außer auf ihre Flügel auf nichts achtgeben.

Als sie in die Garderobe kamen, war dort schon ein riesiges Gedränge. Ganz kleine, als Blumen verkleidete Mädchen, Jungens als Prinzen aus dem Märchenbuch, ein alter Germane mit Helm und einem Bettvorleger aus Fell! Kurz, es war erstaunlich, was den verschiedenen Kindern alles Ulkiges und Phantastisches eingefallen war. Vor dem großen Spiegel machte sich Stefan das Gesicht mit dem mitgebrachten Ruß schwarz. Dann malte er Nickelmann den versprochenen Schnurrbart an. Sie sah nun wirklich so aus, als würde sie sich herrlich amüsieren. Zuletzt bog er noch Mariannes Flügel zurecht und zog dann die alten schwarzen Glacéhandschuhe von seiner Mutter an. Denn mit Rußhänden kann man ja nicht gut auf einen Ball gehen.

Da hörten sie eine laute Trompete, eine schmetternde Musik setzte ein. Das Fest fing an.

Freundliche Damen und Herren standen im Saal und sorgten, dass jedes Kind zurechtkam. Es waren drei Tische gedeckt, die so lang waren wie der ganze Saal; aber die Erwachsenen hatten wohl schon gemerkt, dass viel mehr Kinder gekommen waren als sie gedacht hatten. Deshalb trugen viele solche Jungens in Uniform noch Tische herein und Stühle. Die Großen riefen und suchten die Kinder zu ermutigen, es sich gemütlich zu machen. Besonders eine alte Dame verstand es gut, die Kinder zu arrangieren: Sie klappte in die Hände und wenn einige Kinder hinguckten, sagte sie mit einer schönen, warmen Stimme: „Hinsetzen! Alle Freunde und Freundinnen bleiben natürlich dicht beieinander. Und wer allein gekommen ist, guckt sich um, ob ihm nicht jemand so gut gefällt, da setzt er sich hin" und zwischendurch fasste sie eins an und sagte: „Hier ist ein feines Plätzchen und hier." Bald war ihr Tisch ganz voll, an den andern Tischen war noch große Unordnung. Da stand sie noch mal auf und half an den anderen Tischen und die Kinder, die noch neu kamen, merkten bald, wie es gemeint war. Da klang wieder die Trompete, alle Kinder waren still, nur die ganz kleinen, die es von der Schule noch nicht gewohnt waren, riefen weiter. Aber endlich hatten die Älteren es wohl erklärt, und es war nun wirklich still.

Der Herr hielt eine Rede, wie er sich freue, dass sie alle gekommen waren und dass sie sich alle ganz doll mit ihnen amüsieren wollen. Und der Dackel, der sei oben im Hause in seinem Körbchen und er hoffe, dass es ihm bei dem neuen Frauchen gut gefallen würde. Er sagte, er glaube, es würde ein Frauchen, denn wenn er sich so umgucke, so wären wohl alle Kinder sehr fein angezogen, aber es schiene ihm doch, dass die kleinen Mädchen noch reizender seien als die Buben. Da klatschte ein kleines Mädchen vor Glück in die Hände und Marianne machte das sofort mit. Da fingen auch die Jungens an zu klatschen, und alle Menschen waren mächtig vergnügt.

Als sich alle beruhigt hatten, sagte er die Tagesordnung:

Nummer eins: Große Schokoladenschlacht,

Nummer zwei: Unser Dackel im Film,

Nummer drei: Die Preisverteilung beim Tanz.

Die Kaffeetafel war sehr vergnügt. Die Kinder lernten sich kennen und zwischen ihnen saß ein Fräulein, das half, wenn ein Kind noch nicht so gut fertig werden konnte. Natürlich die Größeren brauchten keine Hilfe, aber bei den Kleinen war manchmal Zank und dann war gleich jemand da, der alles wieder in Ordnung brachte.

Für Marianne war die Kaffeetafel nicht so genussreich, die Flügel mussten auch hier wieder in acht genommen werden, und sie saß deshalb nur auf der Stuhlkante. Aber da kam die alte Dame, stellte die Stuhllehne seitlich und das war nun viel bequemer. Als alle satt waren, ging die Tür auf, und daneben war noch ein Saal mit vielen Sitzen nebeneinander wie im Theater. Da konnte man wissen, dass das Kino anfangen sollte. Manche großen Jungen wollten hineinlaufen, um die besten Plätze zu kriegen; aber in der Tür wurden sie von dem Herrn, der die Rede gehalten hatte, festgehalten. Er sagte zu ihnen, erst kämen die Kleinen und von den Kleinen erst die Mädchen. Sie mussten neben ihm stehenbleiben, und er hat sich noch eine Weile mit ihnen unterhalten. Als sie alle einen Platz hatten, meinten sie, es würde losgehen. Aber der Herr sprang wieder auf die Bühne und lachte und sagte: Links sei die Toilette für die Buben und rechts für die Mädchen. Und damit sie es alle gut finden würden, würde es jetzt im Saal dunkel und rechts für die Mädchen hell, damit sie hinfinden könnten, und zehn dürften zu gleicher Zeit, denn so viele einzelne Toiletten seien da. Mit den Jungens wurde es gerade so gemacht.

Dann war alles still und die Musik fing an, der Vorhang ging auseinander und Dackel „Männe" war zu sehen. Die Kinder waren ganz andächtig, in diesem Film rettete ein Dackel einem kleinen Jungen das Leben. Als das Kind ins Wasser fiel, fing ein kleines Mädchen laut an zu schreien und musste von einem Fräulein hinausgetragen werden. Der Herr, der vorn saß neben seiner Tochter, rief: „Habt keine Angst, er wird gerettet!" Da seufzten einige erleichtert.

Der Nebensaal wurde in der Zeit ausgeräumt und als der Film vorbei war, wurde im Saal getanzt.

Der Herr tanzte mit seiner kleinen Tochter Anneliese. Und als dann die alte nette Dame mit Stefan dem Schornsteinfeger lostanzte, wobei sie die Leiter, die er jetzt nicht mehr so gerne trug, über ihre Schulter hängte, da war das Eis gebrochen. Marianne tanzte mit einem rosa Märchenprinzen, der ihr versprochen hatte, sehr gut auf die Flügel achtzugeben. Er führte sie deshalb so vorsichtig und selbst die Wildesten machten so behutsam Platz, dass Marianne alle ihre zierlichsten Tanzkunststückchen vorführen konnte.

Wem es zu heiß wurde, der konnte Limonade trinken. Dazu gab es einen Strohhalm, damit es nicht gar so rasch ging. Für die ganz Kleinen gab es in einer Ecke noch Kasperletheater.

Einzelne Kinder wurden von der alten Dame nach vorn an den Tisch gerufen, dort wurden ihre Namen und Adressen aufgeschrieben.

Der dicke Hinnerk hatte zuerst gemerkt, dass in der Ecke hinter dem Vorhang ein Kasperletheater war. Hertommen! Hertoromen! Tasperle! jubelte er.

Die Trompete blies laut, und das sollte bedeuten, dass jetzt der Höhepunkt des Festes gekommen sei. Der Herr verlas dann zwölf Namen und diese sechs Mädchen und sechs Jungen mussten zu ihm auf das Podium kommen. Alle Kinder lauschten aufmerksam, was jetzt wohl kommen würde. Der Herr sagte, es wären so viele feine Kinder gekommen, dass es ihnen schwer würde, das schönste herauszufinden. Diese zwölf wären alle gleich ulkig und fein und darum kriegten sie alle ein feines Buch. Das nannte sich Trostpreise. Wenn die anderen Kinder es gerne lesen möchten, sollten sie es ihnen doch ja für ein paar Tage borgen. Alle Kinder wären sauber und würden das Buch behutsam behandeln und zurückgeben.

Der Hauptpreis hieße Puddel. Das wäre ein kleiner Dackel aus Hamburg. Und er gehöre der Königin.

Die Königin aber sei jenes kleine Mädchen, das als zarte Libelle zu ihm geflogen sei und diese zarte Libelle möge doch nun auch zu ihm auf das Podium geschwebt kommen. Da stieg Marianne, bewundert von allen Kindern, auf das Podium. Als sie auf dem Wege an Stefan vorbeiging, da hatte er noch einmal schnell die Flügel zurechtgebogen.

Oben setzte der Herr ihr einen kleinen Kranz aus Blümchen auf den Kopf und die beiden Fühler ließ er vorsichtig oben hervorgucken. Dann brachte ein uniformierter Junge ein Körbchen und der Herr nahm einen winzig kleinen braunen Dackel heraus und legte ihn in Mariannes Arm. Da schrien alle Kinder, klatschten in die Hände und riefen: „Die Königin! Die Königin! Puddel! Puddel!“ Und die großen Jungens, die dachten, das gehöre dazu, riefen: „Schiebung! Schiebung!“ Da setzte die Musik ein und spielte: „Hoch soll sie leben!“

Der Fotograf hatte sich längst herzugeschlichen und hatte verschiedene Male geknipst. Als Marianne es merkte und sich grade recht schön zum Fotografieren hinstellen wollte, war es zu spät. Aber sie ist trotzdem auf den Bildern so gut geworden, dass Herr Mietke und Kalli sie am Kiosk in der Zeitung am nächsten Tag sofort erkannt haben.

Das Fest war aus. Die beiden Mütter holten ihre Kinder ab. Die Libelle nahm die Flügel ab, um den Mantel anziehen zu können. Und den Mantel musste sie anziehen, weil sie ja unter dem Mantel den kleinen Puddel warmhalten musste. Der Schornsteinfeger warf seine Leiter vorn in den Wagen und nahm den Zylinder ab, weil er lieber die Baskenmütze aufsetzen wollte. Sein Gesicht war ganz streifig; da wo er die Nase gewischt hatte, oder wo Schweißtröpfchen gestanden hatten, war die Haut hell. Nur Nickelmann erglänzte in gewohnter Herrlichkeit. Sie war voll Stolz und Tatendurst, der große Hut und das Messer im Gewande ließen sie ganz vergessen, dass alles nur ein Maskenfest war. Als sie vor der Tür hielten und Herr Mietke und Kalli neugierig an den Wagenschlag traten, riss sie das Messer aus dem Gürtel, sprang als erste aus dem Wagen und schrie: „Platz da, wir kommen! Wir haben Puddel gewonnen!“

GINA WEINKAUFF

NACHWORT

Eigentlich ist im Titel des Buches bereits alles Wesentliche gesagt: *Nickelmann erlebt Berlin. Ein Großstadt-Roman für Kinder und deren Freunde.* Die Verfasserin des Nachwortes kann sich also auf eine Kommentierung der einzelnen Teile des Titels und der Vorbemerkung konzentrieren, die Tami Oelfken für eine in den 1950er Jahren geplante Neuausgabe des Buches verfasst hatte.

„Ein Großstadt-Roman"

Viele bedeutende Werke der allgemeinen Literatur wie auch der Kinderliteratur vermitteln eher düstere Impressionen von Großstadtkindheiten. Dass in Großstädten emotionale Kälte, Elend und Verbrechen zu Hause sind und sie daher für das leibliche und seelische Wohl ihrer kleinen Bewohner viele Gefahren bereithalten, finden wir beispielsweise in den Romanen von Charles Dickens, Émile Zola und Johanna Spyri oder in den Märchen Hans Christian Andersens eindrücklich dargestellt. Überhaupt gibt es im 19. und frühen

20. Jahrhundert nur wenige Erzählungen *für* Kinder, die in Großstädten handeln. Viele spielen auf dem Land oder in häuslichen Binnenräumen, die einer idyllisierenden Sicht auf Kindheit wohl weniger Widerstände entgegensetzten.

Es waren Autorinnen und Autoren aus dem Umfeld der norddeutschen Reformpädagogik, die um die Jahrhundertwende eine Veränderung dieses Bildes einleiteten. Damit ist gemeint: Sie waren entweder selbst reformpädagogisch orientierte Lehrer, wie Fritz Gansberg (1871–1950) und Heinrich Scharrelmann (1871–1940) aus Bremen, oder ihre Texte wurden in reformpädagogischen Kreisen mit besonderer Aufmerksamkeit wahrgenommen, wie die *Hamburger Bilder für Kinder* (1889) von Ilse Frapan (1849–1908). Die Großstadt, wie sie im Kinderbuch des frühem 20. Jahrhunderts in Erscheinung trat, hieß also zunächst nicht Berlin, sondern Hamburg oder Bremen, und diese Städte bildeten auch nicht den Schauplatz von Kinderromanen, sondern eher von kurzen, auf die Darstellung von Alltagsszenen ausgerichteten Erzählungen.[1]

Ein früher Großstadt-Roman, der sich allerdings eher an Jugendliche richtete als an Kinder, ist der 1910 in deutscher Übersetzung erschienene ungarische Klassiker *Die Jungen der Paulstraße* von Ferenc Molnár (vgl. Seibert 2018, 146f.), in dem das später so beliebte Motiv der Kindergruppe bereits vorgeformt ist. Dieser satirisch auf den Militarismus der K.-u.-k.-Monarchie zielende Roman erzählt

1 Die hier genannten Titel und Autoren stehen exemplarisch für den unmittelbaren literarischen Kontext von Tami Oelfkens *Nickelmann erlebt Berlin*. Dass die Großstadt-Thematik in den beiden ersten Jahrzehnten des 20. Jahrhunderts auch in etlichen Bilderbüchern aufgegriffen wurde, kann hier nur erwähnt werden (vgl. Ries 1994). Ein Beispiel dafür ist das *Gross-Stadt-Bilder-Buch* von Sophus Hansen (1909).

von den Kämpfen zweier rivalisierender Budapester Gymnasiasten-Banden um ein städtisches Territorium, das, wie sich im Verlauf der Handlung herausstellt, längst in den Besitz profitgieriger Bodenspekulanten geraten ist und nach Vertreibung beider Banden einer entsprechenden Nutzung zugeführt werden soll. Noch in der satirischen Brechung ist der Geschichte ein elegisches Pathos eingeschrieben, das schlussendlich im Opfertod des kleinsten der jugendlichen Protagonisten gipfelt. Dass das Buch seine sekundären erwachsenen Adressaten erreicht hat, zeigt eine Rezension von Kurt Tucholsky, der es offensichtlich überhaupt nicht als Jugendroman gelesen hat (vgl. Tucholsky 1928). Beim Erschienen dieser Rezension war der deutschsprachige kinderliterarische Großstadt-Roman jedoch längst geboren. Und zwar in einer eher prototypischen und einer eher randständig bleibenden Variante, die aber Tami Oelfkens Erzählweise verwandter ist als die prototypische.

Der Prototyp ist Wolf Durians *Kai aus der Kiste* (1924/25), wo ebenso wie in *Die Jungen der Paulstraße* von einer Kinderbande erzählt wird, die sich der Kontrolle der Erwachsenen entzieht und im Stadtraum autonom agiert. Im Unterschied zum Prätext weist *Kai aus der Kiste* jedoch kaum einen auf erwachsene sekundäre Adressaten zielenden Doppelsinn auf. Figuren und Handlung sind nicht satirisch gebrochen und am Ende steht nicht ihr tragisches Scheitern, sondern ein triumphaler Sieg der Kinderbande. Dass diese sich nicht aus mehr oder weniger aufsässigen Gymnasiasten rekrutiert, sondern aus Straßenjungen, die sich ihre besondere Pfiffigkeit im alltäglichen Existenzkampf erworben haben, stellt eine weitere wichtige Ingredienz der Erzählung dar (vgl. Karrenbrock 1995, 179ff.). Kai und die Seinen leisten sich nicht den Luxus höherer Ziele und sie kämpfen auch nicht um den Erhalt der Freiräume für ihre ausgelassenen Jungenspiele, ihnen geht es um Geld und gesellschaftlichen Aufstieg. Durch Geschick, perfekte Logistik und gute Ortskenntnis beweisen die Jungen, dass sie als Organisatoren eines Werbefeldzugs für eine amerikanische Zigarettenmarke keine Konkurrenz zu scheuen brauchen und im Wettbewerb die erwachsenen Rivalen ohne weiteres aus dem Feld schlagen können. Für eine solche, erkennbar dem amerikanischen Tellerwäschertraum nachempfundene Story bietet das Berlin der 1920er Jahre mit seinen Untergrundbahnen und Automobilen, den Straßenschluchten, Dachlandschaften und Hinterhöfen den idealen Schauplatz; denn nur, weil sie sich dort äußerst schnell und orientierungssicher bewegen, die Stadt ihnen kein Hindernis bietet, sondern Sprungbrett, Schlupfwinkel und Bühne in einem, können die Jungen den Wettbewerb gewinnen.

Der mit großem Abstand bedeutendste kinderliterarische Berlinroman ist natürlich Kästners *Emil und die Detektive* (1929). Helga Karrenbrock, die in ihrer Dissertation einen Vergleich von *Emil und die Detektive* und *Kai aus der Kiste* angestellt hat, bringt es treffend auf den Punkt: „Kästner […] hat in der Kinderliteratur einen Paradigmenwechsel wenn nicht ausgelöst, so doch ausformuliert" (Karrenbrock 1995, 194). Mit Blick auf die Inszenierung des Schauplatzes, das Motiv der Kindergruppe, die temporeiche szenische Erzählweise und das Spiel mit Versatzstücken der Alltagssprache ist Kästners Klassiker allerdings wesentlich vielschichtiger als die populäre Geschichte Wolf Durians. Als eine Art optimistisch getönter Gegenentwurf zu Kästners Erwachsenenroman *Fabian. Die Geschichte eines Moralisten*

(1931) wurde *Emil und die Detektive* auch im Kontext der zeitgenössischen Kunst- und Literaturströmung der Neuen Sachlichkeit angesiedelt und mit dem von Kästner durchaus skeptisch verfolgten Großstadtdiskurs im zeitgenössischen Avantgarderoman in Verbindung gebracht (vgl. Weinkauff 1999).

Der Roman fasziniert durch seine artifizielle Sprachverwendung, die Präzision der Figurenzeichnung und den spannungsvollen Wechsel von auktorialem und szenischem Erzählen. Aufgrund seiner vielfältigen intertextuellen Bezüge lässt er zudem unterschiedliche Lesarten zu, was zur Erklärung seines weltweiten und bis heute anhaltenden Erfolgs zweifellos beitragen kann (vgl. Weinkauff 2004). Den von Helga Karrenbrock angeführten Paradigmenwechsel kinderliterarischen Erzählens, der sich bemerkenswerterweise mit der Großstadtthematik verbindet, leiteten jedoch Ferenc Molnár und Wolf Durian ein. Dazu gehört die realistische Exploration aktueller urbaner Lebensräume, ein Zurücktreten der traditionellen auktorialen Erzählweise und die Aufnahme filmisch-szenischer Elemente, die Konzeption von Kinderfiguren mit großen Handlungs- und Deutungsspielräumen und eine spannende Handlungsführung. Diese Neuerungen führen zur Entstehung einer Kinderliteratur der Neuen Sachlichkeit in der Endphase der Weimarer Republik und im Exil und wurden unter anderem von Autorinnen aus dem linken politischen Spektrum wie Alex Wedding (d.i. Grete Weiskopf, 1905–1966), Lisa Tetzner (1894–1963) und Ruth Rewald (1906–1942) aufgegriffen. Allerdings schlägt sich dieser Paradigmenwechsel auch in der NS-Jugendliteratur (z.B. *Hitlerjunge Quex* von Karl Aloys Schenzinger, 1932) und in einer Vielzahl eher epigonaler Texte nieder. Nicht zuletzt drückt sich der längerfristige Einfluss Erich Kästners auf die Kinderliteratur darin aus, dass seit *Emil und die Detektive* Gattungsbezeichnungen wie *Roman für Kinder* oder *Kinderroman* zunehmend in Mode kamen.

Dieses Etikett trägt *Peter Stoll. Ein Kinderleben. Von ihm selbst erzählt* (1925) von Carl Dantz (1884–1967) bezeichnender Weise nicht. Der Text steht hier für die vom Prototyp abweichende Gattungsvariante. Der Verfasser gehörte zum Kreis der linken Bremer Reformpädagogen wie Fritz Gansberg und (in seinen Anfängen) auch Heinrich Scharrelmann[2]. Mit beiden war Carl Dantz persönlich bekannt, auch mit Heinrich Vogeler, dem Gründer des Barkenhoff in der Künstlerkolonie Worpswede[3] (vgl. Boehncke / Merkel / Richter, 142). Es ist sehr gut möglich, dass Tami Oelfken, die 1908 in Bremen ihr Staatsexamen als Lehrerin absolviert und im Anschluss bis 1919 an verschiedenen Schulen im Bremer Umland tätig war, nicht nur Gansberg und Scharrelmann begegnet ist, wie sie in einem Brief aus dem Jahr 1951 erinnert (vgl. Oelfken 1951a), sondern auch Carl Dantz, der nur vier Jahre älter war als sie selbst. Dies scheint umso wahrscheinlicher, als es in Gestalt von Heinrich Vogeler, der Tami Oelfken sehr stark beeinflusst hat, noch einen weiteren gemeinsamen Kontakt gab. Jedenfalls ist ihr pädagogisches Denken von der Bremer Reformpädagogik geprägt und auch ihr Kinderroman *Nickelmann erlebt Berlin* scheint in der Tradition der

2 1931 schloss er sich allerdings der NSDAP an (vgl. Enders 2005).

3 Die Künstlerkolonie wurde bereits 1889 von Fritz Mackensen, Hans am Ende und Otto Modersohn gegründet. Heinrich Vogeler kam 1894 dazu, erwarb den Barkenhoff und gestaltete ihn zu einem Gesamtkunstwerk und Kulminationszentrum der künstlerischen und politischen Utopien aus, die in Worpswede entstanden.

Kinderliteratur von Gansberg, Scharrelmann und Dantz zu stehen.

Auch wenn *Peter Stoll* nicht im Untertitel als Roman etikettiert wurde – im Unterschied zu den Großstadtgeschichten von Gansberg und Scharrelmann ist es einer. Nicht nur der Umfang (126 Seiten), sondern auch die Länge des Handlungszeitraumes (sieben Jahre) und das dynamische Figurenkonzept, das dem Protagonisten und Ich-Erzähler eine Persönlichkeitsentwicklung zuschreibt, sprechen für eine solche Zuordnung. Allerdings ist der Roman in beinahe jeder Hinsicht – nämlich mit Blick auf die Erzählweise, den Handlungsaufbau, die Sprache und das Figurenkonzept – von den Kinderalltagsskizzen, Kinderumweltgeschichten und Kinderreportagen beeinflusst, wie sie für die schreibenden Bremer Reformpädagogen charakteristisch sind. Erzählt wird aus der Kindheit und frühen Jugend eines Bremer Arbeiterjungen, die Handlung setzt in seinem siebten Lebensjahr ein und sie endet ziemlich pathetisch mit der Jugendweihefeier des 14-Jährigen.[4] Trotzdem steht die Logik eines proletarischen Entwicklungsromans nicht im Vordergrund des Erzählens, denn die Handlung hat eine episodische Struktur, es ist eine „Montage loser Szenen" (Boehncke / Merkel / Richter, 164).

Kinderliterarisch innovativ ist der Text nicht zuletzt aufgrund seiner Erzählperspektive: Es handelt sich nämlich um eine den Wahrnehmungskosmos der Erzählerfigur konsequent beibehaltende Ich-Erzählung mit handlungslogisch vermittelten Einschüben, die, wie die als Dokumente ausgewiesenen Briefe und Aufsätze Peters, die Jugend-

4 1930 folgt ein zweiter, aus der Jugendzeit des Protagonisten erzählender Band (Dantz 1930).

erinnerungen seiner Eltern oder die Darstellungen seines Lehrers, auch für ein Nebeneinander verschiedener Sprachebenen sorgen.

Von Tami Oelfkens Nickelmann unterscheidet Peter Stoll seine soziale Lage und das von der sozialistischen Arbeiterbewegung geprägte Milieu, in dem er heranwächst. Seine Bewegungen im Raum haben von vorneherein etwas Zielgerichtetes, Peter ist kein kindlicher Großstadtflaneur, er hat bei seinen Gängen meist etwas zu erledigen und am Straßengeschehen ist er auch als Beobachter nicht unbeteiligt. In seiner kindlichen Freude am Störfall, am unerwarteten Versagen der gewohnten Ordnung ist er der privilegierteren Nickelmann aber nicht unähnlich: Im Kapitel *Koks* widerfährt Peter und seiner Schwester Frida ein Unglück, ausgerechnet auf einer verkehrsreichen Kreuzung geht ihnen der schwer beladene Kohlenwagen für die Vermieterin zu Bruch:

> „Erst hat Frida geheult. Ich mußte bloß staunen, wie wir so mit einem Schlag den ganzen Verkehr gestoppt haben. Kuck, Frida, die Elektrischen stehen Polonaise vor unserem Kokshaufen! hab ich zu ihr gesagt. Da hat sie gelacht." (Dantz 1925, 33)

Carl Dantz und Tami Oelfken legten in ihrer pädagogischen Arbeit großes Augenmerk auf die Beobachtung der individuellen Lernwege ihrer Schülerinnen und Schüler und auf ihrer psychischen Entwicklung. Für beide bildeten überdies die freien Texte der Kinder eine wichtige Grundlage für solche Beobachtungen. Die eigene pädagogische Praxis und das Kindheitsbild der Reformpädagogik haben beider literarische Texte ohne Zweifel gleichermaßen geprägt und auf diese Weise für Ähnlichkeiten der Figurenpsychologie gesorgt. Allerdings ist Nickelmanns Sensationslust etwas ausgeprägter und die Bedingungen, sie auszuleben, sind komfortabler.

„Nickelmann erlebt Berlin"

> „Nickelmann sah Herrn Mietke oben vom Balkon aus, das war für sie das Signal! Sie stürzte sich durch die weit offene Küchentür, rutsch, ratsch, ritsch viermal vierzehn Stufen hinunter, damit ihr ja nichts entging. Sie setzte Herrn Mietke nach: Am Obstgeschäft war ein Korb mit Äpfeln ins Trudeln gekommen oder der Schupo hatte einen kleinen Jungen am Brunnen erwischt und schüttelte ihn am Rockkragen, weil er das Bassin verunreinigt hatte, oder es waren fremde Hunde im Vorgarten. Einmal hatte sogar ein alter betrunkener Mann im Blumenbeet gelegen und die Polizei hat ihn dann auf die Wache geschleppt. [...] Kein Wunder, dass Nickelmann keinen Ort der Welt so liebte wie die Nebenstraßen." (Nickelmann[5], 15f.)

5 Zitiert wird nach der vorliegenden Neuausgabe des Romans; die Erstausgabe erschien 1931 bei Müller und Kiepenheuer.

In *Peter Stoll* steht das Lachen der Geschwister über ihr Malheur mit dem Kohlenwagen in einem für das Verständnis der Textstelle bedeutsamen Kontext, es entlastet die beiden von einem existenziellem Druck, nimmt ihnen die Angst vor den Folgen des Unglücks und lässt sie später der wütenden Vermieterin halbwegs beherzt entgegentreten.

Auch Peter Stoll *erlebt* Bremen; anders als in den Romanen von Wolf Durian und Erich Kästner wird die Stadt von Carl Dantz (und Tami Oelfken) nicht als Bewährungsraum inszeniert, sondern als Erlebnisraum. Allerdings ist Peter Stolls Erleben durch seine Klassenlage bestimmt und der Roman erzählt seiner losen szenisch-episodischen Struktur und dem reformpädagogischen Kindheitsbild zum Trotz, wie der Protagonist am Ende seine proletarische Klassenidentität findet. Solche Orientierungsangebote bietet Tami Oelfkens Roman nicht, obgleich seine Verfasserin ebenso der politischen Linken angehörte wie Carl Dantz und zeitweise sogar KPD-Mitglied war (vgl. Oelfken 1955, 322f.).

Aber Nickelmann wächst ohne existenzielle Sorgen in einem bürgerlichen Milieu im adretten Berlin-Wilmersdorf heran, in dem auch Tami Oelfken zu dieser Zeit ihr Zuhause und ihre kleine Reformschule hatte.[6] Diese soziale Lage lässt die Unbeschwertheit plausibel erscheinen, mit der Nickelmann ihr Berlin erlebt. Ihre Lust am Chaos und an der Sensation äußern sich dabei ganz ungeniert und begleiten sie stets bei ihren Streifzügen. So bildet die oben

6 Tami Oelfken wechselte innerhalb Berlins häufig ihre Wohnsitze und lebte mehrfach ohne Adressbucheintrag zur Untermiete. Im Telefonbuch aus dem Jahr der Schulschließung und des ersten Emigrationsversuches 1934 ist als Wohnsitz die Adresse der Schule in der Landauer Straße 3 eingetragen (Amtliches Fernsprechbuch Berlin 1934, 796).

zitierte, am Ende des ersten Kapitels stehende Passage nur die Einleitung für das im zweiten Kapitel erzählte „herrliche Unglück" (Nickelmann, 15f.) einer Hausangestellten, und angesichts der Überführung einer Warehausdiebin im neunten Kapitel sind Nickelmann und ihre Freundin Marianne hin- und hergerissen zwischen mitleidigen Regungen für die Delinquentin und ihrer Sensationslust, die sie in diesem Fall aber nicht vollends befriedigen können:

> „Jetzt verschwand die Aufsichtsdame mit der Diebin hinter einer Tür, an der stand: Eintritt verboten! Wie oft hatten sie das schon erlebt! Gerade, wenn es interessant wurde, wurde ihnen die Tür vor der Nase zugeklappt und da standen sie!" (Nickelmann, 68)

Es ist offensichtlich, dass Nickelmann keinesfalls im herkömmlichen Sinn als Vorbildfigur für die kindlichen Leserinnen und Leser konzipiert wurde. Noch viel weniger gehört sie zu den „bösen" Kinderfiguren einer ins Humoristische gewendeten Warn- und Abschreckliteratur (vgl. Spinner 1997). Im Sinne eines realistischen Figurenkonzepts ist Nickelmanns Spaß am Störfall einfach ein Aspekt ihrer Lebenslust und ihrer schier unbändigen Neugier auf alles, was die Großstadt zu bieten hat.

Bezeichnenderweise markiert das Romanende im Unterschied zu demjenigen in *Peter Stoll* keineswegs eine lebensgeschichtliche Zäsur oder einen erreichten Entwicklungsstand. Vielmehr schließt der Roman ziemlich unpathetisch mit der Schilderung eines Kindermaskenballs:

> „Das Kinderfest war von einem großen Verlag eingerichtet. Es hatte in der Zeitung gestanden und an allen Litfaßsäulen hingen Plakate als Einladung für die Kinder, auf das Fest zu kommen. Es kostete gar nichts. Das musste wohl eine sehr gute Zeitung sein, die daran dachte, dass sich die Kinder im Februar auch mal gerne amüsieren möchten. Gerade im Februar! Das hatten die Zeitungsleute gut ausgedacht! Es war nichts rechtes los in diesen Wochen. Weihnachten war vorbei und bis zum Frühling dauerte es noch lange. Es war wirklich freundlich von der Zeitung, an was die alles gedacht hatten!" (Nickelmann, 88)

Die Perspektive der dieserart auf Amüsement erpichten Protagonistin wird nahezu durchgängig mit leicht ironischem Unterton wiedergegeben. Dies ist allerdings nicht als einseitige Überlegenheitsgeste zu verstehen, denn der ironische Ton ist ein generelles Merkmal des Textes, der seine Leserinnen und Leser auf diese Weise permanent ermuntert, weder sich selbst noch die Erwachsenen, noch die großstädtische Lebenswelt allzu ernst und schwer zu nehmen. Oelfken ironisiert auch erwachsene Respektspersonen wie Nickelmanns jugendbewegte Lehrerin und verleiht der Protagonistin neben Selbstbewusstsein und Souveränität des Urteils in einer nicht nur zeitgenössischen Kindheitsbildern widersprechenden Weise auch die Fähigkeit zu eben der ironischen Betrachtungsweise, deren Objekt sie selbst ist.

„Nickelmann" in der Kritik

Dies alles – die Ironie, das Kindheitsbild, die positive Darstellung von moderner Massenkultur und der Großstadt als einer Stätte des Vergnügens – wurde von der pädagogischen Kritik übel vermerkt:

> „Das Nickelmann-Buch ist, wie seine ironie-erfüllte Sprache offenbart, in der dünnen geistigen Luft Berlins gewachsen. Frühreife Berliner Kinder mögen Gefallen […] daran finden, aber weniger blasierten Kindern wird dieses Spielen mit einem verdeckten Nebensinn überhaupt nicht aufgehen." (Anonym 1933)

Dieses in der Zeitschrift *Jugendschriftenwarte* abgedruckte und wahrscheinlich von deren damaligem Schriftleiter Franz Jürgens formulierte Urteil der *Vereinigten deutschen Prüfungsausschüsse* (für Jugendschriften) zeugt von der 1933 erfolgten Gleichschaltung dieser Organisation. In derselben Rhetorik sind auch Franz Jürgens Verdikte über die Kästner'schen Kinderbücher formuliert (vgl. Fr. J. 1933).

In der Literaturbeilage der renommierten *Frankfurter Zeitung* störte man sich dagegen an dem „Geruch kleinbürgerlicher Behaglichkeit" und der „falschen Milde […], mit der die Schäden der Gesellschaft" in dem Roman „traktiert sind" (Anonym 1930[7]). Die einzige ungeteilt lobende

7 Die Kritik erschien am 14. Dezember 1930, im Impressum des Buches wird als Erscheinungsjahr 1931 angegeben. Sehr wahrscheinlich hatte der Verlag der Redaktion der Frankfurter Zeitung für die vorweihnachtliche Kinderbuchseite also ein Leseexemplar zur Verfügung gestellt. Die Kritik wurde irrtümlich Siegfried Kracauer zugeordnet (vgl. Mülder-Bach 1985, 225).

Rezension erschien in einer Zeitschrift, die in Fragen der Kinderliteraturkritik wohl über einen eher geringen Einfluss verfügte, der *Leipziger populären Zeitschrift für Homöopathie*. Weil die Besprechung die Intentionen der Verfasserin sehr gut wiedergibt und möglicherweise auch in deren persönlichem Umfeld entstanden ist, sei sie hier vollständig wiedergegeben:

> „Dieser (wohl erste) Roman für Neun bis Vierzehnjährige spiegelt naturtreu das Erleben des modernen Großstadtkindes, zeigt scheinbar absichtslos Berlin aus der Kinderperspektive, lehrt aber dabei unmerklich mit offenen Augen wach und frei in die Welt sehen und mit beiden Beinen fest und aufrecht auf der Erde stehen. Da ist nichts von unkindlicher Romantik, traditioneller Phantastik, moralinsaurer Pädagogik, sondern alles Leben, Bewegung, leibhaftige und gegenwärtige Wirklichkeit. Jedes Mädel, jeder Junge wird mit heißen Wangen dieses Buch mit seinem guten Druck, seiner feinen Ausstattung, seinen schönen Photomontagen lesen; und Vater und Mutter mögen sich mitfreuen – an ihrem Kind und an Nickelmann." (Bahmann 1931)

Das „Erleben des modernen Großstadtkindes“ ist tatsächlich das hervorstechende Thema dieses Kinderromans, der erkennbar in der Tradition der reportagehaften Exploration des Kinderalltags nach Art der Bremer Reformpädagogen steht, aber in einem Milieu angesiedelt wurde, wie es eher für die vorzugsweise an Erwachsene adressierten Romane und Erzählungen der Neuen Sachlichkeit charakteristisch ist.

Zu diesem, Einflüsse aus der allgemeinen Literatur und der Kinderliteratur verbindenden, intertextuellen Horizont des Romans passt die explizite Mehrfachadressierung im Untertitel. Dieser zielt auf Erwachsene, die mit Kindern Umgang haben und ihnen in Freundschaft und auf der Basis eines reformpädagogisch aufgeklärten Verständnisses ihrer Eigenarten verbunden sein möchten. „Vater und Mutter mögen sich mitfreuen – an ihrem Kind und an Nickelmann“, heißt es in der oben zitierten Rezension. In einer Rezensionsnotiz der reformpädagogischen Zeitschrift *Das werdende Zeitalter* heißt es sogar, dass der Roman „den ‚Freunden‘ der Kinderwelt fast noch mehr Aufschlußreiches zu sagen hat als den Altersgenossen“ der Protagonistin (E.R. 1931).

Nickelmann erlebt Berlin ist also nicht nur ein Kinderbuch, sondern auch ein Erziehungsroman für Erwachsene, in dem diese nicht zuletzt Modelle für einen zugleich freiheitlichen wie auch verantwortungsvollen neuen Erziehungsstil finden sollten. Die vom Rezensenten der *Frankfurter Zeitung* übel vermerkten Idealisierungen von Erwachsenenfiguren wie der Mutter und dem Hausmeister Mietke dürften dieser Absicht geschuldet sein.

Die pädagogische Bildung und Beratung von Eltern war Tami Oelfken stets ein wichtiges Anliegen, das ursprünglich aus dem reformpädagogischen Konzept der Schulgemeinde erwachsen war (vgl. Hansen-Schaberg 1997). Ihrer eigenen Schule in Berlin-Wilmersdorf war daher eine Elternschule mit einem semesterweise angebotenen Bildungsprogramm angeschlossen. Es ist kein Zufall, dass im Literaturverzeichnis der Elternschule neben pädagogischen Beiträgen Tami Oelfkens auch ihr Roman *Nickelmann erlebt Berlin* aufgeführt war (vgl. Oelfken 1933).

„Scheinbar absichtslos" vermittelte Sinnangebote

Die Ablehnung des Buches durch die *Jugendschriftenwarte* wird mit dem Vorwurf fehlender Kindgemäßheit begründet, allenfalls die frühreifen und „blasierten" Berliner Kinder, so heißt es, könnten vielleicht etwas damit anfangen. Damit ruft der Rezensent zwei tradierte kulturpessimistische Topoi auf: Das Heranwachsen in großen Städten führt zu einer vorzeitigen Sexualisierung der Kindheit („Frühreife"), und infolge der ständigen Reizüberflutung entwickeln Städtebewohner ihrer Umgebung gegenüber eine „blasierte" Haltung.

Mit letzterer Formulierung bedient sich der Rezensent einer zentralen Denkfigur aus Georg Simmels 1903 erschienenem Essay *Die Großstädte und das Geistesleben* (Simmel 1903). Blasiertheit ist nach Simmel nicht nur eine Art

Urgrund der „großstädtischen Intellektualität", sondern, als Folge der „Unfähigkeit, auf neue Reize mit der ihnen angemessenen Energie zu reagieren, [...] eine Haltung, die eigentlich schon jedes Kind der Großstadt im Vergleich mit Kindern ruhigerer und abwechslungsloserer Milieus zeigt" (Simmel 1903, 190).

Während Simmel selbst davor warnte, angesichts solcher Beobachtungen in die „Attitüde des Richters" (Simmel 1903, 306) zu verfallen, sahen seine kulturpessimistischen Rezipienten darin eine willkommene Bestätigung ihrer gegen Zivilisation, Moderne und Rationalität gerichteten Ressentiments. Nickelmanns Berlin mit all seinen Konsum- und Vergnügungsangeboten und die vorwitzige Art der Protagonistin müssen dem Rezensenten wie eine Kulmination all dessen erschienen sein, was er aus tiefster kulturkonservativer Seele ablehnt. Die Beschäftigung mit dieser Kritik lässt die Wirkungspotentiale des Romans deutlicher werden.

Indem Tami Oelfken gerade die Reizangebote der Großstadt ins Zentrum rückt und von einer kindlichen Protagonistin erzählt, die sich aus diesem Angebot mit souveräner Leichtigkeit bedient, statt sich davon überwältigen zu lassen, leistet sie einen überaus originellen Beitrag zum kinderliterarischen Großstadtdiskurs. Auf diese Weise vermittelt der Roman, wie es in der Rezension der Homöopathenzeitschrift heißt, tatsächlich „scheinbar absichtslos" sinnstiftende Identifikationsangebote.

Die Identität, in die Nickelmann hineinwächst, ist die einer kritischen Konsumentin. Am realen Kaufakt vorläufig noch verhindert, richtet sich ihr Interesse auf die kulturellen Inszenierungen, die diesem vorausgehen und auf die

Tauschwertbeziehungen, die ihn determinieren. Als Abenteuerwelt, musealer Schauplatz und Übungsgelände zur Simulation von Erwachsenentätigkeiten stellte das Warenhaus einer zeitgenössischen Studie zufolge im Leben der Großstadtkinder um 1931 einen zentralen Ort dar (vgl. Muchow 1935). Das Warenhauserlebnis Nickelmanns liest sich in Teilen wie eine Vorwegnahme der dort referierten Beobachtungen. So wie den von Muchow beschriebenen Kindern gelingt es auch Nickelmann und ihrer Freundin Marianne zum Ort der Verheißung durchzudringen – vorbei am Pförtner, der den Auftrag hat, Kinder ohne Erwachsenenbegleitung und andere insolvente Besucher zurückzuweisen. Nach diesem glücklichen Beginn erweist sich die ganze Exkursion als eine Kette von Desillusionierungen, die allerdings die Empfänglichkeit der beiden Mädchen für immer neue Mythen nicht mindert.

Die Berliner Stadtverwaltung hatte den Straßenbahnschaffnern einen „Tag der Höflichkeit" (Nickelmann, 89) verordnet, aus Anlass des Ausverkaufs, bei dem, wie es in der Werbung hieß, die Waren, die im Weihnachtsgeschäft nicht verkauft worden waren, „beinahe verschenkt" werden sollten. Nachdem sich die Mädchen in beiden Punkten getäuscht sahen und auch der versprochene „Parfümspringbrunnen" im Warenhaus die geweckten Erwartungen nicht erfüllte, stellte sich zunächst eine gewisse Ernüchterung ein, die Reize der Wareninszenierung begannen, ihnen unangenehm zu werden: „Es war eine schrecklich verbrauchte Luft, es war so bunt und so viel, dass man überhaupt gar nichts sah" (Nickelmann, 94). Diese Episode wird von der Autorin aber nicht moralisierend in Szene gesetzt, die Legitimität des Begehrens der beiden Mädchen steht außer

Frage und am Ende kommen die beiden doch noch auf ihre Kosten.

Letztendlich erhöhen die Enttäuschungen, die die erlebnishungrigen kleinen Großstädterinnen auf ihrer Jagd nach wohlfeilen Genüssen erleben, ihre Kompetenz, machen sie skeptisch nicht nur den Übertreibungen der Reklame gegenüber, sondern auch im moralischen Urteil. Nickelmann interessiert sich für verborgene gesellschaftliche Zusammenhänge und verwendet, unzufrieden mit den simplen Erklärungen der Erwachsenen, ebenso viel Energie wie zur Schnäppchenjagd auf ihre Erkundungen über Religion und soziale Stellung der Juden. Beunruhigt vom Elend eines entlaufenen Fürsorgezöglings und durch ihre marktwirtschaftlichen Erfahrungen mit der Ambivalenz der sie umgebenden Verhältnisse vertraut, sucht sie nach Gründen für seine Delinquenz, statt sie, nach dem Beispiel entsprechend selbstgerecht urteilender Erwachsener und vom bloßen Augenschein ausgehend, moralisch abzuqualifizieren.

So entpuppt sich Nickelmann letztlich doch als Hoffnungsträgerfigur, als literarische Verkörperung einer Generation, deren Überlegenheit sich nicht nur in kindlicher Empathiefähigkeit ausdrückt. Hinzu kommt eine ebenfalls altersbedingte Bereitschaft, den Dingen unbekümmert um herrschende Konventionen auf den Grund zu gehen, sowie eine kulturell neuartige liberale Mentalität, die das selbstverständliche *Erleben* der modernen Großstadt genetisch voraussetzt.

„Nickelmann ist ein Mädchen"

Auch die Abkehr von Geschlechterstereotypen gehört zu den Sinnangeboten dieses Kinderromans. Mit ihrem männlichen Namen erinnert Nickelmann an die androgynen Figuren der Kinderliteratur, wie das fremde Kind in E.T.A. Hoffmanns gleichnamigem Märchen oder Peter Pan (vgl. Kümmerling-Meibauer 1996). Auch für Nickelmanns unbekümmerte Art, sich über tradierte Rollenmuster hinwegzusetzen, gibt es in der Geschichte der Kinder- und Jugendliteratur Vorbilder und Beispiele. Bei genauerem Hinsehen wird jedoch schnell deutlich, wie innovativ Tami Oelfkens Roman auch mit Blick auf die Genderthematik ist. Zweifellos gibt es Gemeinsamkeiten der Figur mit den Heldinnen der populären Mädchenbuchserien wie Emmy von Rhodens Trotzkopf oder Else Urys Nesthäkchen. Allerdings wird diesen Figuren im Laufe der Handlung die jungenhafte Wildheit ihrer Kinderzeit ausgetrieben, damit sie als Bräute, Mütter und Großmütter reüssieren können, während Nickelmann beim Ausleben ihrer kindlichen Bedürfnisse stets der Unterstützung ihrer Mutter sicher sein kann. Diese verkörpert zudem (im Kontrast zu Nickelmanns Tante Susa und zu der Mutter ihrer Freundin Marianne) als berufstätige Frau ein Modell selbstbestimmter Weiblichkeit, das auch Nickelmann eine freie Entwicklung ihrer Talente zu verheißen scheint.

Unter den neuen Mädchenbüchen der Weimarer Republik, die oft, unter dem Einfluss der Neuen Sachlichkeit stehend, das Berufsleben junger Mädchen, ihr Studium oder Reisen in ferne Länder schildern (vgl. Asper 2012), nimmt *Nickelmann erlebt Berlin* als Kindheitserzählung eine Sonderstellung ein. Und die Großstadtromane der zeitgenössischen Kinderliteratur warten überwiegend mit männlichen Protagonisten und kaum mit emanzipatorischen Rollenangeboten für Mädchen auf.

„Ihr fragt mich, ob es eine wahre Geschichte ist."

Nicht nur in *Nickelmann erlebt Berlin*, sondern auch in vielen ihrer späteren Werke verarbeitete Tami Oelfken persönliche Erfahrungen, und viele ihrer Figuren besitzen reale Vorbilder. In ihrem zweiten Kinderbuch *Peter kann zaubern* (1932) begegnen wir Fe Spemann („Tante Fe"), und in den in ihrer norddeutschen Heimat spielenden Romanen *für Erwachsene*[8] und Novellen[9] sind es Familienangehörige und lokale Honoratioren, die sich zum Teil so wenig schmeichelhaft dargestellt sahen, dass sie die Gerichte bemühten (vgl. Habermann 1988, VIII).

In *Nickelmann erlebt Berlin* hat Tami Oelfken, wie der Berliner Architekt und Stadthistoriker Hans-Theo Wagner[10] herausfand, gleich mehrere teils prominente Personen

8 Beide Romane wurden direkt nach ihrem Erscheinen verboten. *Tine* im Jahr 1940 und *Die Persianermütze* im Jahr 1942. Nach 1945 kamen sie jeweils unter einem neuen Titel heraus.

9 Die Novellen erschienen in dem Sammelband *Die Sonnenuhr* (1947) oder unselbständig in verschiedenen Zeitschriften. Eine Ausnahme bildet die Novelle *Stine vom Löh*, die 1953 als selbständige Veröffentlichung erschienen ist.

10 Wagner bereitet dazu eine Publikation vor.

ihres Wilmersdorfer Umfeldes porträtiert. Einige von ihnen gehören zu den Verfolgten des Naziregimes, wurden nur wenige Jahre nach Erscheinen des Buches verhaftet, in die Emigration getrieben oder ermordet. Die Kinderfiguren in dem Roman trugen Züge der Kinder, mit denen Tami Oelfken in ihrer Schule zu tun hatte.

Darauf spielen auch die Notizen aus ihren Tagebüchern an, die der vorliegenden Ausgabe vorangestellt wurden. In ihrer Schule in der Landauer Straße unterrichtete Tami Oelfken Kinder und Jugendliche im Alter von vier bis 16 Jahren (vgl. Oelfken 1952, 327). Der hohe jüdische Bevölkerungsanteil im Bezirk Wilmersdorf während der Weimarer Republik[11] wirkte sich auch auf die Zusammensetzung von Tami Oelfkens Schülerschaft aus. Infolge der bereits 1933 einsetzenden Verdrängung der jüdischen Schülerinnen und Schüler besonders aus den weiterführenden staatlichen Schulen wuchs deren Anteil in Tami Oelfkens Schule so stark, dass Fe Spemann 1952 zu Protokoll gibt: „Seit 1933 waren die meisten Kinder jüdische Schüler“ (Spemann 1952). In einem um das Jahr 1950 entstandenen Rundfunkmanuskript schildert Tami Oelfken, wie ein siebenjähriges Mädchen im Juni 1934 kurz vor der Flucht ihrer Familie sich die Angst angesichts der alltäglichen Bedrohung und der ungewissen Zukunft von der Seele zu malen versucht (Oelfken [1950], 5).

Auch das reale Vorbild für Nickelmann musste Deutschland verlassen, und Tami Oelfken schreibt in ihrer Notiz, dass sie es gewesen sei, die das Mädchen zum Bahnhof

11 1925 gehörten immerhin 13 % der Wilmersdorfer dem Judentum an (vgl. Büsch / Haus 1987, 294).

begleitet habe. Vor allem drücken die Formulierungen der Autorin ihre Verbundenheit mit diesem Mädchen und auch mit der literarischen Figur aus, die sie nach deren Vorbild gestaltet hat. Nickelmann verkörpert die Hoffnung nach einem freien und selbstbestimmten Leben, sie ist die Freundin, die die junge Marie Wilhelmine (Tamis Taufnamen) sich einst gewünscht hätte.

Als Tami Oelfken diese Notizen verfasste, hoffte sie auf eine Neuausgabe ihres Debütromans, den sie zu diesem Zweck aktualisierend zu bearbeiten gedachte. Es liegen Entwürfe für den Klappentext und für die Einleitung vor. Sie äußert sich zu diesen Plänen in zwei 1946 und 1951 abgefassten Briefen an Werner Wulff (Oelfken 1946 und 1951b). Eine Fortsetzung plante sie bereits 1933, sie wird im Prospekt der Elternschule angekündigt: „Nickelmann auf dem Lande“ (Oelfken 1933).

Und ihrer Freundin, der Worpsweder Malerin und Kinderbuchillustratorin Eva Kausche-Kongsbak, vertraut sie 1951 das folgende Vorhaben an:

> „Daß ich [...] eine Geschichte für kleine Mädchen von zehn-zwölf Jahren schreibe – vielmehr umarbeite – daß ich daran anschließend diese Nucki weiter leben lasse – erstmal in England [...]. Die Tatsache, daß der jugendliche Mensch wissen will, wie es seiner Heldin nun weiter geht, ist psychologisch interessant (siehe Trotzköpfchen). Nun ist meine handfeste Nucki alles andere als ein bürgerliches Ideal, Trotzkopf, die sich unter Tränen bessert; aber dafür ist er oder sie – charmant wie ein lebendiges Geschöpf.“ (Oelfken 1951c, 161)

All diese Pläne ließen sich nicht realisieren, bedauerlicherweise sind auch keinerlei Manuskripte erhalten. Für ihr Scheitern gibt es jeweils politische Erklärungen. Denn Tami Oelfken, die zu der fraglichen Zeit noch auf eine baldige Wiedervereinigung und die Rückkehr zu ihrem alten Potsdamer Verlag Gustav Kiepenheuer hoffte, wurde 1951 erneut zur Unperson gemacht: Sie war mit einem Auszug aus ihrem in den Jahren 1939 bis 1945 entstandenen Logbuch (Oelfken 1948) in einem friedenspolitisch ausgerichteten Sammelband vertreten, zusammen mit etlichen, zum Teil sehr bekannten Autorinnen aus Ost und West (Schwarz / Weber 1951), gegen die im Anschluss eine Art antikommunistisches Kesseltreiben veranstaltet wurde, das zum Bruch des Verlages Kiepenheuer und Witsch (Köln) mit Tami Oelfken führte (vgl. Dietz / Lokatis 2011) und ihr wohl auch die Verhandlungen mit Kinderbuchverlagen wie Stuffer, Stalling und Ellermann nicht gerade erleichtert hat. Tami Oelfken konnte nach *Nickelmann erlebt Berlin, Peter lernt zaubern* und dem Märchenspiel *Matten fängt den Fisch* (Oelfken 1936) zeitlebens keine weiteren Kinderbücher mehr publizieren.

Zu dieser Edition

Bis zum Erscheinen dieser Neuausgabe lag *Nickelmann erlebt Berlin* nur in einer einzigen, 6.000 Exemplare umfassenden Auflage vor.[12] Daher ist es wenig verwunderlich, dass das Buch weltweit lediglich in neun wissenschaftlichen Bibliotheken[13] nachgewiesen ist. Die große kinderliteraturgeschichtliche Bedeutung dieses raren Buches hätte eigentlich den Druck einer Faksimile-Ausgabe angezeigt erscheinen lassen. Verlag und Herausgeberin entschieden sich stattdessen für eine hinsichtlich von Typographie und Satz dem Original sehr nahekommende, behutsam an die aktuellen Rechtschreibregeln angepasste Neuausgabe,[14] damit das Buch – zum Beispiel als Unterrichtslektüre – auch kindliche Leserinnen und Leser finden kann. Ein Unterrichtsmodell für die 4. bis 6. Jahrgangsstufe steht auf der Website der Freien Universität Berlin zum kostenlosen Download bereit (Unterrichtsmodell 2020).

---

12 In einem undatierten Brief an das Ehepaar Wulff aus dem Frühjahr 1951 schreibt sie, sie habe damals für das Buch bei einer Auflage von 6000 Exemplaren „mit viel Mühe" 350 RM Honorar erhalten (Oelfken [Frühjahr 1951], 91).

13 Deutsche Nationalbibliothek (Leipzig); Bibliothek des Instituts für Jugendbuchforschung (Frankfurt/Main); Staats- und Universitätsbibliothek Bremen; Staatsbibliothek zu Berlin – Preußischer Kulturbesitz; Bibliothek der Humboldt-Universität Berlin; Bibliothek der Friedrich-Ebert-Stiftung (Bonn); Universitäts- und Landesbibliothek Bonn; Bibliothek für Sozialwissenschaften der Arbeiterkammer (Wien); National Library of Israel (Jerusalem).

14 Die Rechtschreibung wurde im Hinblick auf die Verwendung von ß/ss, auf die Groß- und Kleinschreibung und die Getrennt- und Zusammenschreibung einiger Wörter aktualisiert. Die Abkürzung „RM" wurde durch „Mark" ersetzt und an Stelle des schönen, aber heute sehr ungebräuchlichen Wortes „Boina" steht nun „Baskenmütze" (Nickelmann, 83).

Die Vorarbeiten zu der Herausgabe dieser Ausgabe und zum Verfassen des Nachworts standen im Zeichen der Restriktionen infolge der Corona-Pandemie, die den Besuch von Archiven und Bibliotheken unmöglich machten. Ohne die Unterstützung von Inge Hansen-Schaberg (Rotenburg an der Wümme) und Jens Pollem (Bremen), die mich mit wertvollen Hinweisen und vielen interesssanten Materialien aus ihren Sammlungen versorgt haben, wäre diese Arbeit kaum möglich gewesen. Jens Pollem hat sich jahrzehntelang mit Leben und Werk Tami Oelfkens beschäftigt. Seiner Initiative ist es zu danken, dass die lange Zeit von ihm geleitete Grundschule am Lüssumer Ring im Jahr 2004 in Tami-Oelfken-Schule umbenannt wurde. Zudem führte er die von dem Bremer Buchhändler Kurt Heilmann (1912–1994) angelegte Sammlung weiter und publizierte einen wichtigen Beitrag zur Biographie der Autorin (Pollem 2008). Von ihm stammen beispielsweise die Kopien aus Tami Oelfkens handschriftlichem Tagebuch, die als Vorwort dieser Ausgabe Verwendung fanden. Inge Hansen-Schaberg ist mit zahlreichen Beiträgen zur historischen Erziehungswissenschaft, insbesondere zur Geschichte der Reformpädaogik in der Weimarer Republik und zur Exilforschung, hervorgetreten. Zu Tami Oelfkens Wirken veröffentlichte sie 1997 einen auf umfangreichen Recherchen gründenden Beitrag. Aus ihren Beständen stammen die für das Nachwort genutzten Archivalien aus Tami Oelfkens Wiedergutmachungsverfahren.

Als Grundlage der Neuausgabe diente das Exemplar der Originalausgabe des Instituts für Jugendbuchforschung der Goethe-Universität, Frankfurt. Dort fertigte man dankenswerterweise auch Reproduktionen der Illustrationen Fe Spemanns an.

Ein ganz besonderer Dank geht an Heidewig Oelfken-Pickert (Kressbronn), Astrid Spemann-Schulz (Nürnberg) und Prof. a.D. Wolf Spemann (Wiesbaden), die dem Verlag Hentrich & Hentrich die Rechte an dieser Neuausgabe fördernd überlassen haben.

LITERATURVERZEICHNIS

Primärliteratur

- Dantz, Carl / Graeser, Max (Ill.): Peter Stoll. Ein Kinderleben. Von ihm selbst erzählt. Berlin: J.H.W. Dietz Nachf. [1925] [Reprint dieser Ausgabe, hg. und mit einem Nachwort versehen von Johannes Merkel und Dieter Richter. München: Weismann 1978 (= Sammlung alter Kinderbücher, 3)]
- Dantz, Carl: Peter Stoll. Der Lehrling erzählt von Flegel-, Lehr- u. Wanderjahren. Berlin: J.H.W. Dietz Nachf. 1930
- Durian, Wolf [d.i. Bechtle, Wolfgang Walter] / Eichenberg, Fritz (Ill.): Kai aus der Kiste. Eine ganz unglaubliche Geschichte. Leipzig: Franz Schneider [1926]. Zuerst 1924 und 1925 als Fortsetzungsroman in der Kinderzeitschrift *Der heitere Fridolin*, Erste Folge: 4. Jg. 1924, Nr. 20, 7ff. (online: https://archive.org/details/heiterefridolinh04na/page/n307/mode/2up); Letzte Folge: 5. Jg. 1925, Nr. 2, 10ff (online: https://archive.org/details/heiterefridolinh05na/page/n29/mode/2up, Stand 5/2020)
- Hansen, Sophus, Gross-Stadt-Bilder-Buch. Folge von 15 farbigen Tafeln. Leipzig, R. Voigtländer [1909]
- Kästner, Erich: Emil und die Detektive. Ein Roman für Kinder. Berlin: Williams 1929
- Molnár, Ferenc: Die Jungen der Paulstraße. Ein Roman für kleine und große Studenten von Franz Molnar. Übersetzt und mit einem Vorwort versehen von Dr. Eugen Heinrich Schmitt. Mit 15 Vollbildern und einer Deckelzeichnung von Ludwig Berwald. Berlin: Hermann Walther [1910]
- Oelfken, Tami: Das Logbuch. Wedel: Alster 1948; Berlin: Verl. d. Nation 1955 [Mit einem autobiographischen Nachwort]; [Lengwil]: Libelle 2003 (= Forum Allmende; Bd. 3) [Hg. und mit einem Nachw. vers. von Manfred Bosch]
- Oelfken, Tami: Die Persianermütze. Roman. Breslau: Korn 1942 [kurz nach dem Erscheinen verboten. Neuausgabe u.d.T. Traum am Morgen. Gütersloh: Bertelsmann 1950

- Oelfken, Tami: Die Sonnenuhr. Erzählungen. Überlingen: Wulff 1946 (307 S.); Wedel: Alster 1947
- Oelfken, Tami: Matten fängt den Fisch. Ein Märchenspiel nach einer Volkssage. Als Ms. gedruckt. Berlin: Bloch 1936
- Oelfken, Tami: Peter kann zaubern. Mit 8 Textzeichnungen u. e. farb. Umschl. von Helen Ernst. Stuttgart, Berlin, Leipzig: Union [1932]
- Oelfken, Tami: Stine vom Löh. Novelle. Gütersloh: Bertelsmann 1953
- Oelfken, Tami: Tine. Roman. Berlin: Kiepenheuer 1940 [verboten]. Neuausgabe u.d.T. Maddo Clüver. Konturen einer Kinderlandschaft. Wedel: Alster 1947. Neuausgabe (hg. von Ursel Habermann) Dülmen-Hiddingsel: Tende 1988

Quellen und zeitgenössische Sekundärliteratur

- Amtliches Fernsprechbuch für Berlin. Berlin-Schöneberg: Senatsverwaltung für Post- und Fernmeldewesen 1934. Digitalisierung: Berlin: Zentral- und Landesbibliothek Berlin, 2012. Online: https://digital.zlb.de/viewer/metadata/15849352/1/LOG_0000/ (Stand 5/2020)
- Anonym: Nickelmann erlebt Berlin [Rezension]. In: *Frankfurter Zeitung* 14.12.1930, Literaturblatt Nr. 50, 19
- Anonym [Franz Jürgens?]: Oelfken, Tami: Nickelmann erlebt Berlin. Beurteilungen der vereinigten deutschen Prüfungsausschüsse. In: *Jugendschriften-Warte*, 38. Jg., März 1933, Nr. 3, S. 41ff.
- Bahmann, Reinhold: Nickelmann erlebt Berlin. In: *Leipziger populäre Zeitschrift für Homöopathie*, 62. Jg. 1931, H. 1 (1. Januar)
- E.R. [d.i. Elisabeth Otten]: [Rezension von:] OELFKEN, Tami: Nickelmann erlebt Berlin. Ein Großstadtroman für Kinder und deren Freunde. Potsdam 1930 (sic!). In: Das Werdende Zeitalter, Jg. 10 (1931), S. 618.
- Fr.J. [d.i. Franz Jürgens, der neue Schriftleiter ab 1933]: Zu Erich Kästners Kinderbüchern. In: *Jugendschriften-Warte*, 38. Jg., April 1933, Nr. 4, 31
- Muchow, Martha / Muchow, Hans Heinrich. Der Lebensraum des Großstadtkindes. Hamburg: Riegel 1935 (= Der Ertrag der Hamburger Erziehungsbewegung; H. 2). Neuausgabe mit einer Einführung von Jürgen Zinnecker. Bensheim: Päd. extra Buchverlag 1978 [2. Aufl. 2012]

- Oelfken, Tami: Alle werden gerettet. Aus den pädagogischen Werken. Typoskript für Radio Bremen [um 1950]. Staatsarchiv Bremen (StAB 7.231 49)
- Oelfken, Tami: Autobiographisches Nachwort. In: Dies: Das Logbuch. Berlin: Verl. d. Nation 1955, 317–324
- Oelfken, Tami: Brief an das Badische Ministerium der Finanzen vom 21.9.1952; Entschädigungsakte Tami Oelfken. Landesamt für Besoldung und Versorgung Baden-Württemberg – Wiedergutmachungsstelle. Stuttgart: Reg. Nr. EF 2489, 325–333
- Oelfken, Tami: Brief an das Ehepaar Wulf, Sonntag mittag, undatiert [Frühjahr 1951]. In: Dies.: Noch ist es Zeit: Briefe nach Bremen 1945–1955. Hg. von Ursel Habermann. Dülmen-Hiddingsel / Frankfurt: tende 1988, 86–91
- Oelfken, Tami: Brief an Werner Wulff, vom 3.2.1946. In: Noch ist es Zeit 1988, 46–48)
- Oelfken, Tami: Brief an Werner Wulff, 7.9.1951. In: Noch ist es Zeit 1988, 143–145 (Oelfken 1951b)
- Oelfken, Tami: Brief an Eva Kausche, 26.10. [1951]. In: Noch ist es Zeit 1988, 16f. (Oelfken 1951c)
- Oelfken, Tami: Brief an Werner Wulff, 21.8.1951. In: Noch ist es Zeit 1988, 129ff. (Oelfken 1951a)
- Oelfken, Tami: Elternschule Berlin-Wilmersdorf. Prospekt. 1933 [Fotokopie aus der Sammlung von Jens Pollem, Bremen]
- Schwarz, Georg / Weber, Carl August (Hg.): Wir heissen euch hoffen. Schriftsteller zur deutschen Verständigung. München: Willi Weismann 1951
- Simmel, Georg: Die Großstädte und das Geistesleben. In: Th. Petermann (Hg.): Die Großstadt. Vorträge und Aufsätze zur Städteausstellung. Dresden: v. Zahn & Jaensch 1903. (Jahrbuch der Gehe-Stiftung Dresden, Band 9), 185–206 (online: https://www.projekt-gutenberg.org/simmel/grosstad/grosstad.html)
- Spemann, Felicitas: Eidesstattliche Versicherung. Paris, 5. Juni 1952. Landesamt für Besoldung und Versorgung Baden-Württemberg – Wiedergutmachungsstelle. Stuttgart: Reg. Nr. EF 2489, 271a
- Tucholsky, Kurt: Franz Molnár, ‚Die Jungen der Paulstraße' [Rezension]. In: Die Weltbühne vom 21.02.1928, Nr. 8, 287 (online: https://www.textlog.de/tucholsky-franz-molnar.html)

Sekundärliteratur

- Asper, Barbara: Das alte und das neue Mädchenbuch. In: Norbert Hopster (Hg.): Die Kinder- und Jugendliteratur in der Zeit der Weimarer Republik, Bd. 1. Frankfurt: Peter Lang 2012, 89–124
- Boehncke, Heiner / Merkel, Johannes / Richter, Dieter: [Nachwort]. In: Dantz, Carl / Graeser, Max (Ill.): Peter Stoll. Ein Kinderleben. Von ihm selbst erzählt (1925) [Reprint]. München: Weismann 1978, 135–192
- Büsch, Otto / Haus, Wolfgang: Berlin als Hauptstadt der Weimarer Republik: 1919–1933. Mit einem statistischen Anhang zur Wahl- und Sozialstatistik des demokratischen Berlin. Berlin / New York: de Gruyter 1987 (Berliner Demokratie, Bd. 1; Veröffentlichungen der Historischen Kommission zu Berlin, Bd. 70)
- Dietz, Nicole / Lokatis, Siegfried: Tobbys Wunsch? Tami Oelfken zwischen den Fronten bei Kiepenheuer. In: Lokatis, Siegfried / Sonntag, Ingrid (Hg.): 100 Jahre Kiepenheuer-Verlage. Berlin: Ch. Links Verlag 2011, 244–248
- Enders, Susanne: Scharrelmann, Heinrich Ludwig Friedrich. In: Neue Deutsche Biographie (NDB). Band 22, Duncker & Humblot, Berlin 2005, 579f. (online: https://daten.digitale-sammlungen.de/0001/bsb00016410/images/index.html?seite=593)
- Habermann, Ursel: Zu diesem Buch [Nachwort]. In: Tami Oelfken: Maddo Clüver. Konturen einer Kinderlandschaft. Dülmen-Hiddingsel: Tende 1988, VIIf.
- Hansen-Schaberg, Inge: Tami Oelfken (1888–1957). In: Dies. (Hg.): „etwas erzählen“. Die lebensgeschichtliche Dimension in der Pädagogik. Baltmannsweiler: Schneider Hohengehren 1997, 132–141
- Karrenbrock, Helga: Märchenkinder – Zeitgenossen. Untersuchungen zur Kinderliteratur der Weimarer Republik. Stuttgart: M und P, Verlag für Wissenschaft und Forschung 1995 [Diss. Osnabrück 1993]
- Kümmerling-Meibauer, Bettina: Identität, Neutralität, Transgression. Drei Typen der Geschlechterperspektivierung in der Kinderliteratur. In: Gertrud Lehnert: Inszenierungen von Weiblichkeit. Weibliche Kindheit und Adoleszenz in der Literatur des 20. Jahrhunderts. Opladen: Westdeutscher Verlag 1996, 29–46
- Mülder-Bach, Inka: Siegfried Kracauer. Grenzgänger zwischen Theorie und Literatur. Seine frühen Schriften 1913–1933. Stuttgart: Metzler 1985 [Diss. Tübingen 1984]

- Pollem, Jens: Tami Oelfken – Pädagogin und Schriftstellerin. In: *Arbeiterbewegung und Sozialgeschichte*. Zeitschrift für die Regionalgeschichte Bremens im 19. und 20. Jahrhundert. Nr. 20, 2008, 63–69
- Ries, Hans: Die Großstadt im Bilderbuch der Jahrhundertwende. In: *JuLit*. Informationen Arbeitskreis für Jugendliteratur 20. Jg. 1994, H. 3, 33–39
- Seibert, Ernst: Die periphere Genese der österreichischen Kinder- und Jugendliteratur. In: Teller, Katalin / Millner, Alexandra: Transdifferenz und Transkulturalität. Migration und Alterität in den Literaturen und Kulturen Österreich-Ungarns. Bielefeld: transcript 2018, 133–151
- Spinner, Kaspar H.: Böse Buben. In: Rank, Bernhard / Rosebrock, Cornelia (Hg.): Kinderliteratur, literarische Sozialisation und Schule. Weinheim: Deutscher Studien-Verl. 1997, 157–175
- Unterrichtsmodell zu „Nickelmann erlebt Berlin. Ein Großstadt-Roman für Kinder und deren Freunde“ (1931) von Tami Oelfken. Mit 8 Bildern von Fe Speeman. 4.–6. Jahrgangsstufe. Herausgegeben von Gina Weinkauff. Fertigstellung im Juli 2020. Online: https://www.ewi-psy.fu-berlin.de/einrichtungen/arbeitsbereiche/grundschulpaed-deutsch/unterrichtsmodelle/pdf-downloads/UM_Nickelmann.pdf
- Weinkauff, Gina: Techniken des Verirrens. Bilder der Großstadt in der Kinderliteratur. In: Planka, Sabine (Hg.): Berlin. Bilder einer Metropole in erzählenden Medien für Kinder und Jugendliche. Würzburg: Königshausen & Neumann, 37–47
- Weinkauff, Gina: Die Großstadt als Labyrinth und Bewährungsraum: „Emil und die Detektive“ von Erich Kästner. In: Erfolgreiche Kinder- und Jugendbücher. Was macht Lust auf Lesen? Hg. von Bernhard Rank. Baltmannsweiler: Schneider-Hohengehren 1999, 151–173
- Weinkauff, Gina: Intertextualität in Kästners „Emil und die Detektive“. In: Kästner-Debatte. Kritische Positionen zu einem kontroversen Autor. Hg. v. Gerhard Fischer. Würzburg: Königshausen und Neumann 2004 (= Erich Kästner-Jahrbuch 4), 203–215

Tami (Marie Wilhelmine) Oelfken

(1888–1957) war eine profilierte, dem linken politischen Spektrum angehörige Reformpädagogin. Sie nahm u.a. an Heinrich Vogelers Arbeitsschulexperiment in Worpswede teil und arbeitete an der Internationalen Schule in Dresden-Hellerau mit A. S. Neill zusammen. In Berlin gründete sie 1928 eine eigene private Reformschule, die 1934 von den NS-Behörden geschlossen wurde. Sie erhielt Berufsverbot, emigrierte und versuchte, sich in Paris eine neue Existenz aufzubauen. Als das nicht gelang, kehrte sie 1939 nach Deutschland zurück, wo sie mit der Unterstützung von Freunden bis 1945 überleben konnte. Sie berichtet darüber in einem Tagebuch, das nach 1945 in mehreren Auflagen erschienen ist. Sie verfasste zahlreiche Romane, Novellen und Gedichte.

Fe (Felicitas Käthe) Spemann

(1901–1993) war Malerin und Illustratorin, zeitweise auch Lehrerin und Antiquitätenhändlerin. Von ihrem Ehemann, dem Dokumentarfilmer Wilfried Basse (1899–1946), wurde sie 1927 geschieden. Mit Tami Oelfken verband sie eine enge Freundschaft. Fe Spemann unterrichtete an der Tami-Oelfken-Gemeinschaftsschule in Berlin bis zur Schulschließung Zeichnen und künstlerische Techniken. Daneben arbeitete sie als freie Illustratorin. Gemeinsam mit Tami Oelfken ging sie 1934 in französische Exil, kehrte jedoch nicht nach Deutschland zurück. Sie führte in Paris zusammen mit ihrer Lebensgefährtin Anita Goldberg ein Antiquitätengeschäft. Fe Spemann starb 1993 in Paris.

Gina Weinkauff

ist seit 1995 als Germanistin (Literaturwissenschaft und -didaktik) in der Hochschullehre tätig. Unter anderem war sie über 20 Jahre wissenschaftliche Mitarbeiterin an der Pädagogischen Hochschule Heidelberg und hatte Gast- und Vertretungsprofessuren an den Universitäten in Wien und Leipzig sowie an der Freien Universität Berlin. Einer ihrer Forschungsschwerpunkte seit der Promotion im Jahr 1991 ist die Kinder- und Jugendliteratur in der ersten Hälfte des 20. Jahrhunderts.